Theresia Baschek

Engels-Rituale

Verlag Peter Erd · München

Die in diesem Buch aufgeführten Ratschläge wurden von Autor und Verlag sorgfältig geprüft. Eine Garantie bzw. Haftung kann jedoch nicht übernommen werden. Lassen Sie Kerzen nie ohne Aufsicht brennen!

1. Auflage 2001
Umschlagfoto: Bavaria Bildagentur
Illustrationen: Kerstin Repinski
Lektorat, Satz, Gestaltung: Judith Ammon

ISBN 3-8138-0530-1

Inhaltsverzeichnis

Vorwort

Im Traum erschien mir meine vor drei Jahren verstorbene Schwester, mit der ich sehr innig verbunden war und sagte mir: »Schreibe ein Engelsritualbuch, und bringe damit Licht und Liebe zu den Menschen.«

Nun, ich habe dieses Buch geschrieben und hoffe, mit diesem Engelsritualbuch all jenen Lesern, die glauben, am Leben verzweifeln zu müssen, Mut und Zuversicht in ihre Herzen zaubern zu können. Zuviel Haß, Neid und Mißgunst beherrscht unser Leben. In aller Welt hört man von Kriegen, Rassendiskriminierung und verschiedenen anderen Gewalttaten. Sollte das unser Weg zu Gott sein? Alte Menschen werden in Heime abgeschoben, wo sie meist einsam sterben, weil die eigenen Kinder keine Zeit für sie haben. Keine Zeit haben, das ist die Krankheit unserer schnellebigen Ära. Was ist geschehen? Wo ist die Liebe zu unseren Nächsten geblieben, und wo bleibt die Liebe für uns selbst, wenn wir jede Falte in unserem Gesicht hassen, wo bleibt unser Vertrauen, wenn wir Angst haben, lächelnd auf andere Menschen zuzugehen? Wann haben Sie zuletzt über sich selbst gelacht, weil Ihnen ein Mißgeschick passiert ist?

Haben Sie keine Angst, gehen Sie einfach in sich, und sehen Sie Ihren Schutzengel, der nur darauf wartet, Ihnen helfen zu können. Sie können ihn alles fragen oder ihm Ihre Sorgen erzählen. Ihr Schutzengel weiß genau, wie es in Ihrem Herzen aussieht, und er geht stets schützend neben Ihnen. Verlassen Sie sich ruhig darauf.

Die Ritualzeiten, aus denen hervorgeht, zu welcher Zeit Sie Rituale zelebrieren können, finden Sie im letzten Kapitel.
Ich wünsche Ihnen nun viel Freude beim Lesen und natürlich viel Erfolg bei den Ritualen mit Ihren Engeln.

Danksagung

Ein herzliches Dankeschön an meine gute Freundin, die Malerin Kerstin Repinski, die mit viel Liebe die Engelbilder für dieses Buch geschaffen hat. Danke Mini!
Meinem lieben Mann möchte ich von Herzen für seine Geduld und Liebe danken. Danke auch an meine Schwester Ruciza, die mir aus Ihrer Welt half, dieses Buch zu schreiben.
Besonderen Dank auch dem Verlag Peter Erd, der dieses Engelsritualbuch ermöglichte.

Erstes Kapitel

Schutzrituale mit Hilfe Ihres Engels

Positive und negative Schwingungen begleiten uns durch unser ganzes Leben. Es gibt sie überall: an bestimmten Orten, wie Kraftplätzen, in Häusern und Gebäuden oder auch in der freien Natur und in manchen Gegenständen. Sie gehen aber auch von Lebewesen aus, vor allem von Menschen. Positive Energien spüren wir meist durch eine angenehme Atmosphäre, die Gegenstände, Gebäude oder Personen umgibt. Wo Neid, Mißgunst und Haß herrschen, kann man durchaus auch schnell negative Schwingungen erfühlen oder sogar körperlich erfahren. Oft hörte ich von meinen Klienten, daß sie sich an verschiedenen Orten unwohl fühlten und sie in Gegenwart mancher Menschen eine Gänsehaut bekämen. Manchmal kommt es auch vor, daß ein Mensch seinen Rivalen so haßt, daß er ihn verflucht. Um sich vor Flüchen und Boshaftigkeiten mancher Menschen zu schützen, bittet man die Schutzengel oder, in schwierigen Fällen, auch die Erzengel um Hilfe.
In diesem Zusammenhang fällt mir ein Mann ein, der mich vor geraumer Zeit völlig verzweifelt anrief. »Meine Frau hat mich verlassen«, sagte er mit deprimierter Stimme. »Ich möchte, daß sie nie wieder glücklich wird, und sie soll genauso leiden wie ich.« Ich war so schockiert über das Gesagte, daß ich erst einmal schlucken mußte, bevor ich ihn fragen konnte, ob er seine Frau jemals geliebt habe. »Klar«, sagte er, »aber sie hat meine Liebe mit Füßen getreten. Nur weil ich abends ein paar Bier getrunken habe, nannte sie mich Säufer. Dabei habe ich ihr nur eine Ohrfeige verpaßt, weil sie nicht auf mich hören wollte.«

Weinerlich setzte er hinzu: »Aber ich habe meine Frau trotz ihrer Fehler immer geliebt. Doch jetzt soll sie leiden.« Ganz ruhig erklärte ich ihm, daß ich diese Art von Aufträgen nicht annehme und auch nicht gut heißen kann. Wütend murmelte er unverständliches Zeug in den Telefonhörer und legte abrupt auf.
Einige Monate später rief mich eine Frau an, der es furchtbar schlecht ging. Sie klagte über undefinierbare Schmerzen im Kopf und über Alpträume, die sie jede Nacht verfolgten. Aufgrund ihres schlechten psychischen Zustands hatte sie auch ihre Arbeit verloren und lebte äußerst bescheiden vom Sozialamt. Im Laufe des Gesprächs stellte sich heraus, daß es genau jene Frau war, die ich damals hätte verfluchen sollen. Ihr Mann hatte also jemanden gefunden, der dieser Frau Leid antat. Mit der Liebe der Engel und meinen Ritualen konnte ich der Frau helfen, und nach kurzer Zeit ging es ihr wieder gut. Sie bekam auch wieder eine Arbeit und konnte selbst für ihren Lebensunterhalt sorgen.
Nachstehend finden Sie, liebe Leserinnen und Leser, die Schutzrituale, mit denen ich dieser verzweifelten Frau helfen konnte.

Ritual zur Anrufung Ihres Schutzengels

Dieses Ritual können Sie sonntags zur Sonnenzeit zelebrieren.

Sie benötigen:
Eine weiße Altardecke, zwei weiße Stabkerzen, eine goldfarbene Stumpenkerze – dies ist Ihre persönliche Schutzengelkerze, etwas Schutzengelöl, etwas Nelkenöl, eine kleine Schale mit heiligem Wasser, einen Zahnstocher, Zündhölzer, einen Bergkristall, der Ihnen von der Größe her zusagt, zwei Astralsandelholz-Räucherstäbchen und einen Magischen Kreis.

Ritualvorbereitung:
Legen Sie die Altardecke über Ihren Ritualtisch, und plazieren Sie auf diesen links und rechts oben die beiden Stabkerzen. Ritzen Sie nun mit dem Zahnstocher in die goldfarbene Kerze:

> *»Mit der göttlichen Kraft des Universums erscheint mein Schutzengel im Licht der Liebe und erhört mein Flehen.«*

Stellen Sie die Kerze dann in der Mitte Ihres Tisches auf. Plazieren Sie die beiden Räucherstäbchen mit etwas Abstand links und rechts daneben. Nun legen Sie den Bergkristall vor die Schutzengelkerze. Das Schälchen mit dem heiligen Wasser stellen Sie rechts vorne auf. Legen Sie jetzt noch die Zündhölzer und die anderen Utensilien in Griffnähe bereit und überprüfen Sie Ihren Altar nochmals. Wenn Sie nun mit dessen Aussehen ganz zufrieden sind, können Sie sich selbst vorbereiten.

Eigene Vorbereitung:
Nehmen Sie ein entspannendes, mit sieben Tropfen Nelkenöl angereichertes Bad. Meditieren Sie etwa 15 Minuten lang, und seien Sie Ihren Wünschen ganz nahe. Visualisieren Sie diese so intensiv, als ob Sie bereits Realität wären. Schließen Sie hierzu einfach Ihre Augen, und lassen Sie sich fallen in das angenehme Gefühl der Ruhe und Entspannung. Ihr Atem ist ruhig und gleichmäßig.
Vor Ihrem geistigen Auge stellen Sie sich vor, daß ein weiß leuchtendes Wesen erscheint, daß voller Liebe und Zuversicht zu Ihnen spricht:

»Ich bin Dein Schutzengel, der stets an Deiner Seite geht.
Ich bin da, wenn Du glaubst, verlassen zu sein,
und ich bin da, wenn Du nicht mehr weiter weißt.
Rufe mich, und Du wirst mich sehen.«

Lächelnd winkt er Ihnen zu und verschwindet dann wieder in der Unendlichkeit. Bei Ihnen bleibt das Gefühl unendlicher Liebe und Vertrautheit zurück. Sie sind eins mit der Liebe und der Kraft Ihres Schutzengels.
Steigen Sie nun aus der Wanne, und trocknen Sie sich leicht ab. Ziehen Sie sich anschließend etwas Bequemes an, und begeben Sie sich zu Ihrem Ritualtisch.

Ritual:
Nach Ihrer eigenen Reinigung und Vorbereitung reinigen Sie jetzt Ihren Ritualtisch und sämtliche darauf angeordneten Gegenstände, indem Sie Ihre Finger in das heilige Wasser tauchen und dann alles etwas besprenkeln. Sagen Sie dabei:

»Gereinigt und gesegnet sei dieser Altar
für meine Anrufung.«

Jetzt legen Sie den Magischen Kreis um sich und Ihren Altar, denken Sie aber bitte daran, daß Sie ihn während des Rituals nicht verlassen dürfen.
Nehmen Sie nun Ihre goldfarbene Stumpenkerze, und reiben Sie diese mit dem Schutzengelöl ein. Stellen Sie sie dann wieder zurück, und nehmen Sie den Bergkristall zur Hand. Diesen reiben Sie ebenfalls mit ein paar Tropfen Schutzengelöl ein und plazieren ihn wieder auf Ihrem Altar.
Zünden Sie nun zuerst die beiden weißen Altarkerzen und die Räucherstäbchen an. Breiten Sie dann ihre Arme seitwärts aus – die Handflächen sind offen und zeigen nach oben –, und sprechen Sie:

»Die Macht der Elemente erbitte ich als Schutz
für dieses Ritual.«

Entzünden Sie nun auch Ihre goldfarbene Schutzengelkerze, und sagen Sie erneut mit seitlich ausgebreiteten Armen:

»Das göttliche Licht der Liebe durchflute diese rituelle Stätte
und gebe den Weg meines Schutzengels frei.«

Schließen Sie nun ihre Augen, und sagen Sie:

»Ich, (sagen Sie Ihren Namen), rufe Dich, mein Schutzengel. Du, der Tag und Nacht über mich wacht, erscheine hier in meiner Mitte und erhöre mein Flehen.«

Halten Sie nun den Bergkristall über den aufsteigenden Rauch Ihrer Räucherstäbchen, und sprechen Sie:

»Alle Kraft der Liebe in diesen Stein. Schutz und Licht der Engel dazu, so sei es ab sofort.«

Legen Sie den Stein nun zurück auf seinen Platz, und sagen Sie:

(Sagen Sie nun Ihren Wunsch)

Anschließend lassen Sie die Atmosphäre des Rituals noch etwas auf sich wirken. Bedanken Sie sich bei Ihrem Schutzengel, und verabschieden Sie sich voller Liebe und mit der Gewißheit, daß Ihr Engel Sie erhört hat. Lassen Sie noch alle Kerzen und Räucherungen ganz abbrennen, und vergraben Sie sämtliche Ritualreste am darauffolgenden Sonntag zur Sonnenzeit unter einem Baum Ihrer Wahl. Den Bergkristall tragen Sie entweder in Ihrer Tasche bei sich, oder stellen ihn in Ihrer Wohnung auf.

Heiligen Schutz durch die Kraft des Schutzengels erhalten

Dieses Ritual können Sie sonntags zur Sonnenzeit zelebrieren.

Sie benötigen:
Eine weiße Altardecke, zwei weiße Altarkerzen, eine weiße Schutzengelkerze, Zündhölzer, ein Fläschchen Schutzengelöl, ein Cosma-Räucherstäbchen, einen Zahnstocher zum Ritzen der Kerze, eine Schale mit heiligem Wasser, getrocknete Blütenblätter einer weißen Rose, ein Sitzkissen, falls Sie während der Zeremonie etwas meditieren wollen, und einen Magischen Kreis.

Ritualvorbereitung:
Legen Sie die Altardecke über Ihren Ritualtisch, und plazieren Sie auf diesen links und rechts oben die beiden Altarkerzen. Ritzen Sie anschließend mit dem Zahnstocher folgendes in die Schutzengelkerze:

(Ihren Namen und Ihr Geburtsdatum)

sowie:

»Ich stehe unter dem schützenden Mantel meines Schutzengels.«

Stellen Sie die Kerze in die Mitte Ihres Altars. Die Schale mit dem heiligen Wasser plazieren Sie rechts, das Räucherstäbchen links neben der Schutzengelkerze. Die

Rosenblätter verteilen Sie so auf dem gesamten Altar, wie es Ihnen gefällt.

Eigene Vorbereitung:
Lassen Sie warmes, nicht zu heißes Wasser in die Wanne laufen, und geben Sie sieben Tropfen Schutzengelöl hinzu. Legen Sie sich anschließend ganz entspannt hinein, und schließen Sie Ihre Augen. Atmen Sie nun ganz ruhig ein und wieder aus. Völlige Ruhe umgibt Sie, und jeder Muskel Ihres Körpers ist locker und leicht. Vor Ihrem geistigen Auge sehen Sie einen leuchtenden silberfarbenen Ball. Dieser Ball schwebt über Ihrem dritten Auge und strahlt Wärme und Geborgenheit aus. Mit jedem Atemzug atmen Sie dieses göttliche silberfarbene Licht in sich ein. Sie sind nun völlig angefüllt damit. Jede Zelle Ihres Körpers erstrahlt in diesem Licht. Tiefe Liebe breitet sich in Ihnen aus, und Sie fühlen die göttliche Kraft in sich.
Ein göttliches Wesen nähert sich Ihnen und spricht:

»Du bist eins mit der göttlichen Liebe.
Kein Leid kann Dir je widerfahren, denn Du stehst
im Schutze des Göttlichen.«

Das göttliche Geschöpf lächelt Sie voller Liebe an und verschwindet wieder im Nichts. Zurück bleibt ein Gefühl unendlicher Liebe und Wärme. Sie sind nun eins mit der göttlichen Kraft. Steigen Sie nun aus der Wanne und trocknen Sie sich leicht ab. Ziehen Sie sich etwas Bequemes an, und begeben Sie sich zu Ihrem Altar.

Ritual:
Besprenkeln Sie zur Reinigung nun den gesamten Altar mit dem heiligen Wasser, und sagen Sie dabei:

»Gereinigt, geweiht und gesegnet sei diese heilige Stätte im Namen meiner Schutzgeister.«

Nun müssen Sie für Ihren Schutz den Magischen Kreis um sich und Ihren Altar auslegen. Legen Sie ihn weit genug aus, damit Sie sich problemlos darin bewegen können. Reiben Sie jetzt die Schutzengelkerze mit etwas Schutzengelöl ein, und stellen Sie sie wieder zurück auf den Altar.
Zünden Sie anschließend das Räucherstäbchen sowie die beiden Altarkerzen an, und sagen Sie mit seitlich ausgebreiteten Armen:

»Hört mein Rufen, Ihr himmlischen Wesen,
und erscheint zum Schutze dieses Rituals.«

Entzünden Sie anschließend die Schutzengelkerze, und sprechen Sie erneut mit ausgebreiteten Armen:

»Du, mein Schutzengel, kennst meine tiefsten Ängste
und Sorgen. Stets gehst Du an meiner Seite und führst
mich hinaus aus der Finsternis und hinein ins Licht.
Beschütze mich auch jetzt, wo es Menschen gibt,
die mir schaden möchten. Hülle mich in Deinen Mantel
der Liebe, daß jedes Unheil sich wandeln möge
in Güte und Frieden. So geschehe es,
mit all Deiner Macht.«

Setzen Sie sich nun eine Weile auf das Kissen vor Ihrem Altar, und schauen Sie in die Flamme der Schutzengelkerze. Seien Sie eins mit Ihrem Schutzengel und seiner Liebe. Visualisieren Sie, wie der göttliche Mantel über Ihnen liegt und Sie sich vollkommen sicher und geborgen fühlen. Lassen Sie die ganze Atmosphäre Ihrer Zeremonie auf sich wirken.

Stehen Sie anschließend wieder auf, und bedanken Sie sich bei Ihrem Schutzengel und den Schutzgeistern mit Ihren eigenen Worten. Verabschieden Sie sich auch ehrfurchtsvoll und mit der Gewißheit, daß alles so ist, wie Sie sich das eben gewünscht haben.

Zum Abschluß Ihres Rituals lassen Sie die Kerzen sowie die Räucherung ganz abbrennen. Die Ritualreste vergraben Sie drei Tage später unter einem Baum Ihrer Wahl.

Anrufung des Erzengels Chamuel

Dieses Ritual können Sie sonntags zur Sonnenzeit zelebrieren.

Sie benötigen:
Eine goldfarbene Altardecke, zwei weiße Altarkerzen, eine goldfarbene Engelskerze, ein Fläschchen Engelöl, eine feuerfeste, mit etwas Sand gefüllte Schale, ein Stück Räucherkohle, einen Beutel Erzengel-Räuchermischung, eine Schale mit heiligem Wasser, einen Zahnstocher zum Ritzen der Kerze, ein Päckchen Zündhölzer, einen Teelöffel, ein Sitzkissen sowie einen Magischen Kreis.

Ritualvorbereitung:
Legen Sie die Altardecke über Ihren Ritualtisch, und plazieren Sie auf diesen links und rechts oben die beiden Altarkerzen. Ritzen Sie nun mit dem Zahnstocher folgendes in die Engelskerze:

(Ihren Namen und Ihr Geburtsdatum)

sowie:

*»Mächtiger Erzengel, eile zu mir und erhöre mein Sehnen.
So geschehe es geschwind.«*

Stellen Sie die Kerze dann in die Mitte Ihres Altars. Die Schale mit dem heiligen Wasser setzen Sie rechts, die Räucherschale links neben die Engelskerze. Geben Sie nun das Stück Räucherkohle auf den Sand in der Räucherschale. Anschließend legen Sie den Beutel mit der Räuchermischung, den Teelöffel sowie die Zündhölzer vor die Räucherschale. Auch den Magischen Kreis halten Sie in Griffnähe parat.

Eigene Vorbereitung:
Lassen Sie warmes, nicht zu heißes Wasser in eine Wanne laufen und geben Sie sieben Tropfen Engelöl hinzu. Legen Sie sich anschließend hinein und schließen Sie Ihre Augen. Atmen Sie entspannt ein und wieder aus – ganz so, wie es Ihr Atemreflex vorgibt. Nichts ist mehr wichtig, und nichts kann Sie mehr stören. Sie überlassen sich einfach diesem angenehmen Gefühl von Ruhe und Entspannung. Mit jedem Atemzug lassen Sie sich tiefer und tiefer fallen. Ein wunderschönes Gefühl des Glücks breitet sich in Ihrem Inneren aus, und Sie fühlen die göttliche Kraft der Liebe um sich.
Vor Ihrem geistigen Auge sehen Sie ein schönes großes Tor. Sie gehen darauf zu und öffnen es. Langsam und ohne Angst schreiten Sie hindurch und befinden sich inmitten einer Höhle. Die Wände sind wunderschön mit Moos und wilden Blumen bewachsen. An den Wänden befinden sich Halterungen, in denen weiße Kerzen brennen, deren Schein die Höhle in angenehm warmes Licht taucht. Rechts neben Ihnen steht ein großer Stein, auf dem eine goldfarbene Kerze brennt. Der Duft frischer Blumen verzaubert Sie und verleiht Ihnen ein Gefühl von unendlicher Liebe und Geborgenheit.
Ein Engel kommt auf Sie zu und nimmt Ihre Hand. Goldenes Licht umhüllt ihn, und mit sanfter Stimme sagt er zu Ihnen:

»Ich bin der Erzengel Chamuel und komme in Liebe zu Dir. Ich hülle Dich in meinen schützenden Mantel und begleitete Dich, wohin Dein Weg Dich auch führen mag. Stets gehe ich an Deiner Seite und verhelfe Dir zu Glück und innerem Reichtum.«

Sanft streicht er über Ihren Kopf und spricht erneut:

»Gehe nun zurück in Deine Welt und sei gewiß, daß Dich meine Liebe begleite.«

Verlassen Sie nun die Höhle, und gehen Sie zurück durch das Tor, durch das Sie gekommen sind. Mit jedem Atemzug werden Sie wacher und wacher, bis Sie sich voller Kraft und Vitalität in Ihrer Wanne wiederfinden. Steigen Sie anschließend aus der Wanne, und trocknen Sie sich leicht ab. Ziehen Sie sich nun etwas Bequemes an, zum Beispiel einen Kimono oder einen Jogging-Anzug, und begeben Sie sich zu Ihrem Altar.

Ritual:
Nachdem Sie sich selbst vorbereitet und gereinigt haben, säubern Sie jetzt den gesamten Altar und alle Ritualutensilien. Besprenkeln Sie hierzu alles mit etwas heiligem Wasser, und sprechen Sie dabei:

»Gereinigt, gesegnet und geweiht sei diese rituelle Stätte der Liebe, im Namen Chamuels.«

Wie immer nach der Altarreinigung ist jetzt der Zeitpunkt, um den Magischen Kreis auszulegen. Anschließend reiben Sie die Engelskerze kräftig mit Engelöl ein, und stellen diese dann wieder auf den Altar.

Entzünden Sie die Räucherkohle und die beiden Altarkerzen. Warten Sie einen Moment, bis die Kohle glüht, und geben Sie dann einen gestrichenen Teelöffel der Räuchermischung darauf. Rufen Sie mit seitlich ausgebreiteten Armen:

»Herbei, Ihr Wächter des Himmels und der Erde.
Eilt zu mir in meine Mitte, und schützt
diese heilige Stätte.«

Zünden Sie nun die Engelskerze an, und sagen Sie erneut mit ausgebreiteten Armen:

»Chamuel, Du Erzengel der Liebe, bitte eile zu mir
in meine Mitte, und erhöre mein Sehnen.«

Geben Sie nun erneut einen gestrichenen Teelöffel der Räucherung auf die Kohle, und sagen Sie:

»Mit aller Macht Chamuels, erfüllt sich mein lang
Ersehntes. Mit der göttlichen Liebe des Universums
erfüllt sich mein Wunsch.«

Geben Sie nun erneut einen Teelöffel der Räuchermischung auf die glühende Kohle, und setzen Sie sich ganz entspannt auf das Kissen vor dem Altar. Sehen Sie eine Weile ganz gelöst in die Flamme der Engelskerze. Visualisieren Sie Ihren Wunsch mit allen Gefühlen der Liebe, des Glücks und mit dem Glauben an den Erzengel Chamuel. Wenn Sie vollkommen entspannt sind und eins mit diesem Gefühl, erheben Sie sich und sprechen mit ausgebreiteten Armen:

»Mit all Deiner Liebe, oh Chamuel, möge es nun geschwind so geschehen.«

Geben Sie nun den Rest der Räucherung als Opfergabe auf die Kohle, und bedanken Sie sich bei den Wächtern und dem Erzengel Chamuel mit all Ihrer Liebe, die Sie im Herzen tragen. Nachdem Sie sich ehrfurchtsvoll von den Wächtern und dem Erzengel verabschiedet haben, lassen Sie die Kerzen sowie die Räucherung ganz abbrennen und werfen alle Ritualreste am darauffolgenden Sonntag in fließendes Gewässer.

Zweites Kapitel

Liebeszauber mit Engelsmacht

In diesem Abschnitt möchte ich Sie gerne mit einigen Engels-Liebesritualen vertraut machen. Zuerst sollten Sie sich jedoch die Frage stellen, was Liebe für Sie bedeutet. Können Sie sich vorstellen Liebe zu geben, ohne irgend etwas zu fordern? Liebe ist göttliche Energie, die nur fließen kann, wenn Sie selbst keine egoistischen Ziele verfolgen.

Ich möchte Ihnen ein kurzes Beispiel von egoistischer Liebe aufzeigen. Vor einiger Zeit hatte ich eine Klientin, die mir vorschwärmte, wie sehr sie doch ihren neuen Freund liebe. »Er ist so toll«, sagte sie, »er hat einen Porsche und eine eigene Firma. Und sein Haus am Starnberger See ist absolut traumhaft. Er ist einfach der Mann meines Lebens.«

Also, ich glaube, dass diese Dame nicht den Mann liebt, sondern seinen Porsche, das schicke Haus am See und vor allem das Geld, das durch seine Firma fließt. Mit keinem Wort erwähnte meine Klientin, daß ihr Freund liebevoll, ehrlich und fleißig sei. Die inneren Werte waren ihr anscheinend nicht wichtig. Was wäre, wenn ihr neuer Freund kein Auto, sondern nur ein Fahrrad besäße und in einer kleinen Wohnung zur Miete wohnen würde? Wäre er dann auch der Mann ihres Lebens?

Viele Menschen hüpfen von einer Partnerschaft zur nächsten, und jedesmal sagen sie, daß sie diesen Partner lieben. Enttäuscht stellen sie meist nach kurzer Zeit fest, das es eben doch nicht Liebe war. Warum bekämpfen sich aber Menschen, die sich einst geliebt haben? Ist Liebe wirklich so vergänglich? Nein, das glaube ich nicht, denn wahre Liebe ist die größte Macht zwischen Himmel und Erde. Wahre Liebe ist pure Energie und reicht über den

Tod hinaus. Diese wunderbare Energie hat nichts mit Geld oder Reichtum zu tun. Jeder von uns trägt sie ganz tief im Herzen.

In diesem Zusammenhang fällt mir eine andere Klientin ein, die ihren Mann aus tiefstem Herzen liebte und bereit war, mit ihm zusammen alle Hürden zu überwinden. Er war ein sehr gutmütiger Mann, der von vielen Menschen nur ausgenützt wurde und so sein ganzes Hab und Gut verlor. Die beiden hatten drei Kinder und lebten äußerst bescheiden. Von dem wenigen Geld, daß er verdiente, zahlten sie die Schulden und hatten sogar noch eine Kleinigkeit übrig für Menschen, denen es noch schlechter ging als ihnen selbst. »Manchmal«, sagte die Frau lächelnd, »wissen wir zwar nicht, wie es weitergehen soll, aber unsere Liebe übersteht jedes Leid. Irgendwann werde ich eins sein mit meinem Mann, und wir werden gemeinsam im göttlichen Licht der Liebe verschmelzen.« Diese wahrhaftige Liebe, die diese Frau mit ihrem Mann verbindet, wünsche ich jedem, der noch auf der Suche danach ist.

Im Anschluß finden Sie Liebesrituale, die sehr wirkungsvoll und doch einfach zu zelebrieren sind.

Engelsritual, um Liebe zu erhalten

Dieses Ritual können Sie täglich zur Mondzeit zelebrieren.

Sie benötigen:
Eine rote Altardecke, zwei weiße Altarkerzen, eine rote Figurenkerze (männlich oder weiblich – je nachdem, welches Geschlecht die Person hat, mit der Sie verbunden sein möchten), einen Zahnstocher, zwei Sandelholz-Räucherstäbchen sowie ein Rosen-Räucherstäbchen, eine Schale mit Salzwasser (auf eine Tasse Wasser geben Sie einen Teelöffel Meersalz), etwas Liebesöl, ein Fläschchen Engelöl, einige Blütenblätter einer roten Rose, einen Rosenquarz – die Größe des Steins wählen Sie nach Gefühl, sowie Ihren Magischen Kreis.

Ritualvorbereitung:
Legen Sie die Altardecke über Ihren Ritualtisch, und plazieren Sie auf diesen links und rechts oben die beiden Altarkerzen. Ritzen Sie nun mit dem Zahnstocher folgendes in die Figurenkerze:

(Den Namen und das Geburtsdatum Ihres Liebsten)

sowie:

»Verbunden mit dem Band der Liebe.«

Stellen Sie die Figurenkerze in die Mitte Ihres Altars, und plazieren Sie links und rechts von der Kerze die beiden Sandelholz-Räucherstäbchen. Das Rosen-Räucherstäbchen setzen Sie vor die Kerze. Die Schale mit dem Salzwasser stellen Sie rechts vorne auf. Den Rosenquarz-Edelstein legen Sie vor das Rosen-Räucherstäbchen. Die Blütenblätter verteilen Sie über den gesamten Altar. Wenn Sie nun mit Ihrem Altar ganz zufrieden sind, begeben Sie sich zur eigenen Vorbereitung.

Eigene Vorbereitung:
Nehmen Sie ein mit sieben Tropfen Rosenöl angereichertes, entspannendes Bad, in dem Sie etwa 15 Minuten meditieren und Ihren Wünschen ganz nahe sind. Sehen Sie vor Ihrem geistigen Auge, wie sich Ihr Wunsch nach Liebe erfüllt. Meditieren Sie, wie Ihr Wunschpartner Sie in den Armen hält und Ihnen seine Liebe gesteht. Das göttliche Licht der Liebe hüllt Sie ein, und Sie fühlen die Kraft, die Sie umgibt. Sie lassen sich einfach fallen in dieses göttliche Licht, bis Sie eins mit ihm sind. Ihr ganzer Körper ist nun eingehüllt in den Mantel der Göttlichkeit. Der Duft einer frischen Blumenwiese steigt in Ihre Nase, und Sie fühlen sich unendlich wohl. Tiefe Ruhe verbreitet sich in Ihrem Inneren. Vor Ihrem geistigen Auge taucht ein wunderschöner Engel auf. Er leuchtet in hellem Gold und sagt mit glockenklarer Stimme zu Ihnen:

»Mit meiner göttlichen Kraft schenke ich Dir Liebe.
Ich geleite Dich zu Deinem Seelenpartner und halte
meine schützende Hand über Euer Glück.«

Wenn Sie vollkommen eins sind mit der Liebe und deren Kraft, steigen Sie aus der Wanne und trocknen sich leicht ab. Ziehen Sie sich etwas Bequemes an, und begeben Sie sich zu Ihrem Ritualtisch.

Ritual:
Besprenkeln Sie zuerst den gesamten Ritualtisch mit dem Salzwasser, und sprechen Sie dabei:

»Mit aller Kraft meines Schutzengels weihe und reinige ich diese Stätte des Lichts.«

Jetzt müssen Sie Ihren Magischen Kreis auslegen. Reiben Sie die Figurenkerze nun zuerst mit etwas Liebesöl und anschließend mit etwas Engelöl ein. Auch den Rosenquarz reiben Sie mit etwas Engelöl ein und legen ihn vor das Rosen-Räucherstäbchen. Zünden Sie anschließend die beiden Altarkerzen sowie alle Räucherstäbchen an. Breiten Sie ihre Arme seitwärts aus, und sagen Sie in singendem Ton:

»Ihr Wächter des Himmels öffnet Eure Pforten und gebt frei den Weg, damit mein Schutzengel hindurch treten kann zu mir.«

Entzünden Sie jetzt auch die Figurenkerze und schließen Sie ihre Augen. Atmen Sie dreimal kräftig ein und wieder aus. Sprechen Sie nun mit seitlich ausgebreiteten Armen:

»Schutzengel mein, eile zu mir in meine Welt und hör, was mein Herz begehrt. Mit jeder Faser meines Seins liebe ich (sagen Sie den Namen Ihres Liebsten). Oh, erhöre mich, Du mein weiser Schutzengel, und bring mir meinen Liebsten. Lieben soll er mich, und gemeinsam erstrahlen wir im göttlichen Licht der Liebe.«

Nehmen Sie nun den Rosenquarz in Ihre linke Hand, und hauchen Sie siebenmal darauf. Sagen Sie anschliessend siebenmal:

»Liebe, Licht und Frieden bündeln ihre Kraft in diesen Stein. So soll es sogleich geschehen, im Namen meines Schutzengels.«

Legen Sie den Stein nun wieder zurück. Wie immer, so sollten Sie auch diesmal das Ritual und die Anwesenheit des Engels auf sich wirken lassen. Fühlen Sie die einzigartige Verbindung mit dem Göttlichen, die zwar immer besteht, jetzt aber durch die Zeremonie besonders intensiv spürbar ist. Bedanken und verabschieden Sie sich voller Liebe im Herzen mit Ihren eigenen Worten von Ihrem Schutzengel, und lassen Sie anschließend alle Kerzen und Räucherungen ganz abbrennen.
Vergraben Sie alle Ritualreste unter einem Baum, der blüht oder blühen wird. Den Rosenquarz tragen Sie ab sofort immer bei sich, bis sich Ihr Wunsch erfüllt hat. Ist Ihr Liebster dann bei Ihnen, schenken Sie ihm diesen Stein.

Liebesritual, um Treue in der Partnerschaft zu erhalten

Dieses Ritual können Sie montags zur Mondzeit zelebrieren.

Sie benötigen:
Eine rote Altardecke, zwei silberfarbene Altarkerzen, eine rote, etwa 15 cm hohe Stumpenkerze, eine Schale mit heiligem Wasser, einen Zahnstocher zum Ritzen der Kerze, ein Fläschchen Rosenöl, einen Rubin, ein Rosen-Räucherstäbchen sowie den Magischen Kreis.

Ritualvorbereitung:
Legen Sie die Altardecke über Ihren Ritualtisch, und plazieren Sie auf diesen links und rechts oben die beiden Altarkerzen. Ritzen Sie nun mit dem Zahnstocher folgendes in die rote Stumpenkerze:

(Den Namen und das Geburtsdatum Ihres Partners)

sowie:

»Du liebst nur mich, und Treue ist unser ständiger Begleiter. Im Namen Uriels soll es so geschehen.«

Stellen Sie die Kerze dann in die Mitte Ihres Altars. Die Schale mit dem heiligen Wasser plazieren Sie rechts, das Räucherstäbchen links neben der Kerze. Den Rubin legen Sie vor die rote Stumpenkerze.

Eigene Vorbereitung:
Lassen Sie die Wanne mit warmem Wasser vollaufen, und geben Sie sieben Tropfen Rosenöl hinzu. Legen Sie sich anschließend ganz entspannt hinein, und schließen Sie Ihre Augen. Atmen Sie nun einige Male tief ein und wieder aus. Mit jedem Atemzug lassen Sie sich mehr und mehr in das angenehme Gefühl der Ruhe und Entspannung fallen. Ihr Atem geht nun ruhig und gleichmäßig. Visualisieren Sie, daß Sie vollkommen in leuchtendes rotes Licht gehüllt sind. Dieses Licht ist warm und voller Liebe. Ganz deutlich fühlen Sie, wie sich diese Liebe in Ihrem Inneren ausbreitet. Jede Zelle Ihres Körpers ist ausgefüllt mit dem göttlichen Licht der Liebe.
Wenn Sie vollkommen eins sind mit dieser Liebe, steigen Sie aus der Wanne und trocknen sich leicht ab. Ziehen Sie sich anschließend etwas Bequemes an, und gehen Sie zu Ihrem Altar.

Ritual:
Besprenkeln Sie nun zur Reinigung den gesamten Altar mit heiligem Wasser, und sagen Sie dabei:

»Gereinigt und gesegnet sei dieser heilige Ort
im Namen Uriels.«

Legen Sie nun den Magischen Kreis um sich und Ihren Altar. Reiben Sie dann die Stumpenkerze mit Rosenöl ein, und stellen Sie sie zurück auf den Altar. Zünden Sie anschließend die beiden Altarkerzen an, und sprechen Sie in Anrufungshaltung:

»Geschützt sei nun diese geheiligte Stätte der Liebe. So soll es nun geschehen, im Namen Uriels.«

Entzünden Sie anschließend das Räucherstäbchen sowie die rote Stumpenkerze, und rufen Sie:

»Uriel, hör mein Flehen, und komm zu mir in meine Mitte. (Sagen Sie den Namen Ihres Liebsten) hält es mit der Treue nicht wie einst versprochen, und das quält mein Herz. Gib ihm die Kraft, anderen zu widerstehen und mir in Liebe treu zu sein. Das erbitte ich mit tiefer Liebe im Herzen.«

Heben Sie anschließend den Rubin über den aufsteigenden Rauch des Räucherstäbchens, und sagen Sie:

»Treue, Liebe und Verständnis sollen in diesem Stein gebündelt sein. Mit aller Macht soll es so sein, im Namen Uriels.«

Legen Sie den Rubin dann zurück auf den Altar, und meditieren Sie noch eine Weile über Ihren Wunsch. Bedanken und verabschieden Sie sich nun voll Ehrfurcht, aber auch voll Liebe und Wissen vom Erzengel Uriel. Wie immer machen Sie das mit Ihren eigenen Worten. Lassen Sie anschließend alle Kerzen sowie das Räucherstäbchen ganz abbrennen. Vergraben Sie am darauffolgenden Freitag alle Ritualreste unter einem Busch, der blühen wird, am besten eignet sich ein Rosenbusch.

Den Seelenpartner finden mit Hilfe Ihres Schutzengels

Dieses Ritual können Sie täglich zur Mondzeit zelebrieren.

Sie benötigen:
Eine violettfarbene Altardecke, zwei goldfarbene Altarkerzen, eine violettfarbene Engelskerze, ein Fläschchen Liebesöl, eine Schale mit heiligem Wasser, einen Zahnstocher zum Ritzen der Kerze, ein Liebesräucherstäbchen, getrocknete Blütenblätter von sieben Rosen Ihrer Wahl, eine Tonkabohne, Zündhölzer und einen Magischen Kreis.

Ritualvorbereitung:
Legen Sie die Altardecke über Ihren Ritualtisch, und plazieren Sie auf diesen links und rechts oben die beiden Altarkerzen. Ritzen Sie nun mit dem Zahnstocher folgendes in die Engelkerze:

(Ihren Namen und Ihr Geburtsdatum)

sowie:

»Mit aller Macht der Liebe finden wir uns. Voll Liebe werde ich dann mit meinem Seelenpartner zu einer Seele verschmelzen und eins sein. So geschehe es geschwind, mit aller Macht meines Schutzengels.«

Plazieren Sie die Kerze dann in die Mitte Ihres Altars. Die Schale mit dem heiligen Wasser stellen Sie rechts, das Räucherstäbchen links neben die Engelskerze. Legen

Sie anschließend die Tonkabohne vor die Engelskerze, und verteilen Sie die Blütenblätter um die Engelskerze herum. Legen Sie alle anderen Utensilien auch bereit, und kontrollieren Sie Ihren Altar nochmals. Ist er zu Ihrer Zufriedenheit hergerichtet, können Sie sich ins Bad begeben, um sich selbst vorzubereiten.

Eigene Vorbereitung:
Lassen Sie warmes, nicht zu heißes Wasser in die Wanne laufen, und geben Sie sieben Tropfen Liebesöl hinzu. Legen Sie sich anschließend hinein und schließen Sie Ihre Augen. Lassen Sie sich einfach fallen in das angenehme Gefühl der Ruhe und Entspannung. Jeder Muskel Ihres Körpers ist locker und leicht. Immer tiefer und tiefer lassen Sie sich sinken in dieses vollkommene Gefühl der Ruhe und Harmonie.
Vor Ihrem geistigen Auge taucht ein wunderschöner Rosengarten auf. Sie atmen den sinnlichen Duft der Rosen tief in sich ein und fühlen diese grenzenlose Liebe, die in diesem Garten herrscht. Inmitten der wildwachsenden Rosen sitzt ein Engel, dessen Liebe Sie sofort fühlen. Er leuchtet in warmem Violett, und sein Gewand ist wie die Sonne selbst. Mit warmer Stimme sagt er zu Ihnen:

»Komm, setz Dich zu mir, ich bin Dein Schutzengel
und fühle, daß Du mich gerade brauchst. Du suchst Liebe,
aber Dein Seelenpartner wartet schon lange auf Dich.
Öffne Dein Herz, und höre seine Rufe,
so wirst Du ihn finden. Gib mir Deine Hand, und ich führe
Dich zu ihm. Vertraue der Kraft Eurer Liebe.«

Geben Sie Ihrem Schutzengel Ihre Hand, fühlen Sie diese göttliche Liebe, und seien Sie eins mit ihr. Steigen Sie anschließend aus der Wanne, und trocknen Sie sich leicht ab. Ziehen Sie sich etwas Bequemes an, und begeben Sie sich zu Ihrem Altar.

Ritual:
Wie bei allen Ritualen vollziehen Sie nach Ihrer eigenen Vorbereitung die Reinigung Ihres Altars. Besprenkeln Sie hierzu den gesamten Altar und alles Zubehör mit etwas heiligem Wasser, und sagen Sie dabei:

»Gereinigt, geweiht und gesegnet sei nun
diese heilige Stätte.«

Nun ziehen Sie zum Schutz den Magischen Kreis um Ihren Altar und um sich selbst. Reiben Sie die Engelskerze anschließend kräftig mit Liebesöl ein, und stellen Sie sie zurück auf den Altar. Zünden Sie nun die beiden Altarkerzen an, und rufen Sie mit seitlich ausgebreiteten Armen:

»Eilt herbei, Ihr Schutzgeister der himmlischen Sphären
und beschützt dieses Ritual der Liebe. So soll es nun
geschehen, mit aller Macht der Liebe.«

Entzünden Sie anschließend die Engelskerze sowie das Räucherstäbchen, und sagen Sie erneut mit ausgebreiteten Armen:

»Du, mein Schutzengel, kennst meine Einsamkeit
und die Leere in meinem Herzen. Ich sehne mich nach

meinem Seelenpartner und möchte eins mit seiner Seele sein. Solange wir getrennt sind, sind wir zerrissen in zwei Hälften. Darum bitte ich Dich, vereine unsere Seelen mit all Deiner Liebe und Güte. So soll es geschehen, mit all Deiner Macht.«

Halten Sie nun die Tonkabohne über den aufsteigenden Rauch des Räucherstäbchens, und sagen Sie erneut:

»Zwei Seelen sind nun eins, mit aller Macht der Liebe.«

Legen Sie die Tonkabohne wieder zurück und bedanken und verabschieden Sie sich von den Schutzgeistern sowie von Ihrem Schutzengel voller Liebe und Ehrfurcht. Lassen Sie anschließend alle Kerzen sowie das Räucherstäbchen ganz abbrennen, und vergraben Sie alle Ritualreste an einem Sonntag unter einem Baum, der Blüten tragen wird. Die Tonkabohne jedoch tragen Sie als Talisman ständig bei sich, bis Ihr Seelenpartner sich mit Ihnen vereint hat.

Liebeszauber, um eine erloschene Liebe neu zu entfachen

Dieses Ritual können Sie freitags zur Venuszeit zelebrieren.

Sie benötigen:
Eine rosafarbene Altardecke, zwei weiße Altarkerzen, einen Zahnstocher zum Ritzen der Kerze, eine rosafarbene Figurenkerze, ein Fläschchen Chamuel-Öl, eine Schale mit heiligem Wasser, ein Räucherstäbchen »helfende Hand«, einen Rosenquarz, Zündhölzer und einen Magischen Kreis.

Ritualvorbereitung:
Legen Sie die Altardecke über Ihren Ritualtisch, und plazieren Sie auf diesen links und rechts oben die beiden Altarkerzen. Ritzen Sie anschließend mit dem Zahnstocher folgendes in die Figurenkerze:

(Den Namen und das Geburtsdatum Ihres Partners)

sowie:

»In göttlicher Liebe bist Du mit mir verbunden.
So geschehe es, im Namen Chamuels.«

Plazieren Sie die Kerze in die Mitte Ihres Altars. Die Schale mit heiligem Wasser stellen Sie rechts neben die Kerze und das Räucherstäbchen links. Legen Sie noch den Rosenquarz vor die Figurenkerze und die anderen Utensilien in Griffnähe.

Eigene Vorbereitung:
Lassen Sie warmes Wasser in die Wanne laufen, und geben Sie sieben Tropfen Chamuel-Öl hinzu. Legen Sie sich nun ganz entspannt in die Wanne, und schließen Sie Ihre Augen. Atmen Sie nun einige Male tief ein und wieder aus. Lassen Sie sich einfach fallen in das angenehme Gefühl der Ruhe und Entspannung.
Visualisieren Sie, wie leuchtendes rosarotes Licht Sie umgibt. Dieses Licht ist Liebe pur. Jede Faser Ihres Körpers ist nun ausgefüllt mit diesem warmen Licht. Ihr Atem geht ruhig und gleichmäßig. Vollkommene Harmonie umgibt Sie. Aus diesem rosaroten Licht manifestiert sich vor Ihrem inneren Auge ein wunderschönes Wesen. Voll Zärtlichkeit in der Stimme sagt es zu Ihnen:

»Ich bin Chamuel, der Erzengel der Liebe.
Du hast Traurigkeit in Deinem Herzen,
ich werde Dir göttliche Liebe senden. Du bist eins
mit dieser unerschöpflichen Quelle der Liebe.«

Wenn Sie das Gefühl haben, vollkommen eins zu sein mit der göttlichen Kraft der Liebe, dann steigen Sie aus der Wanne und trocknen sich leicht ab. Ziehen Sie sich etwas Bequemes an, und gehen Sie zu Ihrem Altar.

Ritual:
Auch bei diesem Ritual reinigen wir zuerst unseren Altar. Besprenkeln Sie ihn hierzu mit etwas heiligem Wasser, und sagen Sie dabei:

»Gereinigt und gesegnet sei nun dieser heilige Ort der Liebe.
Im Namen Chamuels soll es nun so geschehen.«

Ihren Magischen Kreis müssen Sie jetzt auslegen. Denken Sie bitte daran, daß Sie ihn weit genug ziehen, damit Sie sich frei darin bewegen können. Reiben Sie die Figurenkerze anschließend gut mit Chamuel-Öl ein, und stellen Sie sie dann wieder zurück auf Ihren Altar.
Zünden Sie nun die beiden Altarkerzen an, und sprechen Sie in Anrufungshaltung:

»Geschützt sei nun diese geheiligte Stätte der Liebe.
So sei es sofort.«

Entzünden Sie jetzt auch das Räucherstäbchen sowie die Figurenkerze, und rufen Sie wieder in Anrufungshaltung:

»Chamuel, Du Engel der Liebe, ich rufe Dich in meiner Not
und erbitte Deine Hilfe. Meines Liebsten Herz ist kalt.
Schick Du ihm die göttliche Liebe, so daß unsere Herzen
wieder füreinander schlagen.«

Halten Sie nun den Rosenquarz über den aufsteigenden Rauch des Räucherstäbchens, und sagen Sie:

»Sieh, Chamuel, gib alle Liebe in diesen Stein,
auf daß (sagen Sie den Namen Ihres Liebsten) und ich
bis an unser Lebensende in Liebe und Harmonie
verbunden seien. So sei es nun geschwind.«

Legen Sie den Rosenquarz zurück auf den Altar, und meditieren Sie eine Weile über Ihren Wunsch. Stellen Sie sich dabei in Gedanken diese Liebe und Harmonie bildlich vor. Lassen Sie auch das ganze Zeremoniell auf sich wirken. Fühlen Sie die Anwesenheit Ihres Engels, und seien Sie gewiß, daß er Ihren Wunsch erfüllt. Bedanken

Sie sich nach einer Weile mit Ihren eigenen Worten, und verabschieden Sie sich anschließend voller Demut, aber auch mit dem Gefühl der Liebe und Verbundenheit bei Chamuel.
Ihr Ritual ist damit beendet, und Sie können den Magischen Kreis wieder verlassen. Die Kerzen und die Räucherung lassen Sie jedoch ganz abbrennen.
Vergraben Sie alle Ritualreste am darauffolgenden Dienstag unter einem Baum Ihrer Wahl. Den Rosenquarz tragen Sie nun ständig bei sich, bis sich die gegenseitige Liebe wieder gefestigt hat. Ist dies dann der Fall, und Sie sind mit Ihrer Beziehung zufrieden, schenken Sie den Rosenquarz Ihrem Liebsten als Talisman.

Fruchtbarkeitsrituale mit der göttlichen Macht der Engel

Wann und warum werden Fruchtbarkeitsrituale zelebriert? Es gibt eigentlich nur einen einzigen Grund, nämlich, daß man sich nichts sehnlichster wünscht, als ein Kind zu haben. Natürlich muß man körperlich gesund sein. Was gibt es Schöneres im Leben, als die eigene Liebe, Kraft und Fürsorge an sein Kind zu verschenken? Ich selbst habe vier Kinder und weiß, wie leer mein Leben ohne sie sein würde.

An dieser Stelle fällt mir ein Ehepaar ein, das vor einigen Jahren bei mir war und mich um Hilfe gebeten hat. Vergeblich versuchten sie, ein Kind zu bekommen. Entweder klappte die Befruchtung gar nicht, oder die Frau verlor ihr Baby im dritten Monat. Beide waren sehr verzweifelt, und ich konnte ihre Tränen der Trauer sehen. Ich fühlte mit ihnen, und so versprach ich zu helfen. Schon nach vier Monaten war die Frau schwanger und als die beiden dann Monate später ihren kleinen Sohn in den Armen hielten, konnte man das Glück förmlich spüren.

Weil ich immer häufiger nach Fruchtbarkeitsritualen gefragt werde, möchte ich Ihnen diese hier vorstellen. Gleich im Anschluß finden Sie sehr wirkungsvolle Rituale für Ihren Kinderwunsch.

Fruchtbarkeitsritual mit Engelsmacht

Dieses Ritual können Sie sonntags zur Sonnenzeit zelebrieren.

Sie benötigen:
Eine rosafarbene Altardecke, zwei weiße Altarkerzen, eine rosafarbene Figurenkerze, eine goldfarbene Stumpenkerze, einen Zahnstocher zum Ritzen der Kerze, ein Fläschchen »Komm-zu-mir«-Öl, eine Schale mit heiligem Wasser, vier Jasmin-Räucherstäbchen und getrocknete Blütenblätter von sieben rosafarbenen Rosen.

Ritualvorbereitung:
Legen Sie die Altardecke über Ihren Ritualtisch, und plazieren Sie auf diesen links und rechts oben die beiden Altarkerzen. Ritzen Sie nun mit dem Zahnstocher in die rosafarbene Figurenkerze:

(Ihren Namen und Ihr Geburtsdatum)

sowie:

»In meinem Leib wächst zart ein göttliches Geschenk.
So sei es nun geschwind.«

Stellen Sie diese Kerze in die Mitte Ihres Altares. Ritzen Sie nun in die goldfarbene Stumpenkerze:

»Voll Liebe, Gesundheit und Kraft wächst Du kleiner Mensch unter dem schützenden Mantel Deines Schutzengels.
So sei es ab sofort.«

Stellen Sie die Stumpenkerze vor die Figurenkerze. Plazieren Sie nun je ein Räucherstäbchen links und rechts neben die Figurenkerze sowie links und rechts neben die Stumpenkerze. Die Rosenblätter verteilen Sie auf dem gesamten Altar. Legen Sie dann alle anderen Utensilien bereit, und überprüfen Sie noch mal alles. Ist es zu Ihrer Zufriedenheit hergerichtet, können Sie sich selbst vorbereiten.

Eigene Vorbereitung:
Nehmen Sie ein mit neun Tropfen »Komm-zu-mir«-Öl angereichertes, entspannendes Bad, in dem Sie etwa 15 Minuten meditieren und Ihrem Wunsch ganz nahe sind. Schließen Sie nun ganz entspannt ihre Augen und sehen Sie, wie ein kleines Menschlein in Ihnen wächst. Dieses kleine Wesen ist ein göttliches Geschenk. Spüren Sie die göttliche Kraft, die von ihm ausgeht. Hören Sie, wie sein kleines Herz kräftig schlägt. Vollkommene Harmonie durchströmt Ihren Körper. Goldenes Licht umgibt Ihren Leib und vollkommene Liebe erfaßt jede Faser Ihres Seins. Wenn Sie eins sind mit der Liebe und dem Glück, steigen Sie aus der Wanne und trocknen sich etwas ab. Ziehen Sie sich anschließend bequem an, und begeben Sie sich zu Ihrem Altar.

Ritual:
Auch Ihren Altartisch müssen Sie reinigen. Hierzu beträufeln Sie ihn mit etwas heiligem Wasser und sprechen dabei:

»Gereinigt und gesegnet sei dieser heilige Ort.
So sei es, ab sofort!«

Nun visualisieren Sie einen goldfarbenen Kreis um sich und Ihren Altar. Dies ist Ihr Schutzkreis, den Sie für die Dauer des Rituals nicht verlassen dürfen. Reiben Sie nun die Figurenkerze und anschließend auch die Stumpenkerze mit etwas »Komm-zu-mir«-Öl ein, und stellen Sie beide Kerzen wieder auf ihren Platz zurück. Zünden Sie die beiden Altarkerzen an, und sagen Sie mit seitlich ausgebreiteten Armen:

»Du, mein Engel, der Du mich auf allen meinen Wegen begleitest, gib Schutz in dieses Ritual. Tief in meinem Herzen trage ich den Wunsch, ein Kind zu empfangen, gib Licht und Liebe hinzu. So soll es geschehen, in Deinem Namen.«

Entzünden Sie nun auch die Figurenkerze, die goldfarbene Stumpenkerze sowie die beiden Räucherstäbchen, und sagen Sie erneut mit seitlich ausgebreiteten Armen:

»Mein Engel der Liebe und der Fruchtbarkeit, höre meinen innigsten Wunsch und laß neues Leben in meinem Leib entstehen. Voll Kraft und Gesundheit will ich es gebären. Behüten und beschützen werde ich das göttliche Geschenk. So soll es geschehen, im Namen meines Schutzengels.«

Schließen Sie nun ihre Augen und visualisieren Sie, wie Ihr Baby in Ihrem Bauch wächst und Sie es nach seiner Geburt glücklich in den Armen halten. Lassen Sie wie immer auch das ganze Zeremoniell auf sich wirken. Fühlen Sie die Anwesenheit Ihres Engels, und seien Sie sich gewiß, daß er Ihren Wunsch erfüllt. Es ist ein wundervolles Gefühl, das eigene göttliche Selbst verbunden zu fühlen mit der Göttlichkeit des Engels.
Bedanken und verabschieden Sie sich nun in Dankbarkeit mit Ihren eigenen Worten von dem Engel, und lassen Sie danach alle Kerzen und Räucherungen ganz abbrennen. Vergraben Sie alle Ritualreste am darauffolgenden Montag zur Mondzeit unter einem Baum oder Strauch, der blüht oder blühen wird. Dieses Ritual sollte siebenmal wiederholt werden.

Fruchtbarkeitsritual mit dem Erzengel Michael

Dieses Ritual können Sie montags zur Mondzeit zelebrieren.

Sie benötigen:
Eine goldfarbene Altardecke, zwei blaue Altarkerzen, eine goldfarbene Stumpenkerze, ein Fläschchen Michael-Engelöl, einen Zahnstocher zum Ritzen der Kerze, eine Schale mit heiligem Wasser, Zündhölzer, ein Kissen und ein Sandelholz-Räucherstäbchen.

Ritualvorbereitung:
Legen Sie die Altardecke über Ihren Ritualtisch, und plazieren Sie auf diesen links und rechts oben die beiden Altarkerzen. Ritzen Sie nun folgendes mit dem Zahnstocher in die goldfarbene Stumpenkerze:

(Ihren Namen, Ihr Geburtsdatum)

sowie:

»Mit göttlichem Willen wächst neues Leben in mir.
Mit göttlicher Liebe werde ich es gebären und mit
göttlicher Zuversicht durch sein Leben begleiten.
So soll es geschehen.«

Reiben Sie die Kerze anschließend mit dem Engelöl ein, und stellen Sie sie in die Mitte Ihres Altares. Plazieren Sie nun die Schale mit dem heiligen Wasser rechts und das Räucherstäbchen links neben die Stumpenkerze. Wie immer überprüfen Sie alles noch einmal und legen auch alle anderen Utensilien bereit, bevor Sie sich dann selbst vorbereiten und reinigen.

Eigene Vorbereitung:
Lassen Sie warmes Wasser in Ihre Badewanne laufen, und geben Sie sieben Tropfen Michael-Engelöl hinzu. Legen Sie sich anschließend hinein, und schließen Sie Ihre Augen. Lassen Sie sich einfach fallen in das angenehme Gefühl der Ruhe und Entspannung. Ihr Atem geht ruhig und gleichmäßig – wie es Ihr Atemreflex vorgibt.
Ganz deutlich sehen Sie vor Ihrem inneren Auge, wie sich ein goldener Engel auf Sie zu bewegt. Liebevoll breitet er seine Arme aus und wirft göttliches Licht über Ihren Körper. Sie spüren diese Liebe ganz deutlich, jede Zelle Ihres Körpers ist eins mit dem Göttlichen. Voller Liebe sagt er:

»Ich bin der Erzengel Michael, und ich komme zu Dir, um Dir ein göttliches Geschenk zu bringen. Voll Liebe wachse ein kleines Menschenkind in Dir. Geborgen und behütet soll es in Deinem Leib gedeihen. Gebäre es dann mit all Deiner Liebe.«

Lächelnd löst sich der Engel in Licht auf und zurück bleibt vollkommene Harmonie. Meditieren Sie nun eine Weile über Ihren Wunsch, und steigen Sie anschließend aus der Wanne. Trocknen Sie sich ab und ziehen Sie sich etwas Bequemes an. Begeben Sie sich anschließend zu Ihrem Altar.

Ritual:
Beträufeln Sie nun den gesamten Altar mit heiligem Wasser, um ihn und die Ritualutensilien zu reinigen. Sagen Sie dabei:

»Gereinigt und geweiht sei nun diese Stätte der Liebe.
So sei es sofort.«

Visualisieren Sie dann wieder einen goldfarbenen Schutzkreis um sich und Ihren Altar. Zünden Sie anschließend die beiden Altarkerzen an, und sprechen Sie mit seitlich ausgebreiteten Armen:

»Ihr göttlichen Engel der Lüfte, eilt herbei zum Schutze
dieser heiligen Stätte.«

Entzünden Sie nun die goldfarbene Stumpenkerze sowie das Räucherstäbchen, und sagen Sie erneut mit seitlich ausgebreiteten Armen:

»Erzengel Michael, ich rufe Dich voll Liebe zu mir.
Höre mein Flehen und mein Bitten. Mit der göttlichen
Liebe soll ein neuer Mensch in mir wachsen. Lege Du,
oh Michael, Deine schützende Hand auf meinen Leib,
und behüte das winzige Menschlein in mir. So soll es nun,
mit der göttlichen Macht der Liebe, geschehen.«

Setzen Sie sich nun auf das Kissen vor Ihren Altar und schauen Sie in die Flamme der goldfarbenen Kerze. Meditieren Sie einige Minuten über Ihren Wunsch. Dies können Sie z.B. so machen, wie bei Ihrem Bad. Bedanken und verabschieden Sie sich anschließend mit Ihren eigenen Worten von den Engeln und dem Erzengel. Lassen

Sie nun alle Kerzen sowie das Räucherstäbchen ganz abbrennen, und vergraben Sie alle Ritualreste am darauffolgenden Samstag unter einem Baum, der blüht oder blühen wird.

Drittes Kapitel

Trennungsrituale mit Engelsmacht

Viele werden sich fragen, ob und wie man Trennungsrituale mit Engelsmagie in Verbindung bringen kann. Diese Frage kann ich ganz klar beantworten: Unsere Schutzengel wollen, daß wir glücklich sind und nicht voller Leid und Streit durchs Leben gehen. Sie möchten uns helfen, das Glück auf der irdischen Ebene zu finden.
In unserer hektischen und lauten Zeit hören wir unsere Engel nur sehr selten und können daher ihre Warnungen nicht verstehen. Manchmal leben Paare zusammen, ohne sich wirklich zu lieben. Sie machen sich gegenseitig das Leben schwer, teilweise auch ohne es wirklich zu wollen, aber es herrscht einfach keine Harmonie. Sie würden gerne getrennte Wege gehen, aber die Gewohnheit und die Angst vor dem Alleinsein hält sie zusammen.
So hatte ich zum Beispiel vor geraumer Zeit eine Kundin, die sich gerne in Freundschaft von ihrem Mann trennen wollte. Sie kam völlig verzweifelt zu mir und erzählte mir ihren Leidensweg. Ihr Mann war unzufrieden mit seinem Leben, und das ließ er an ihr und den Kindern aus. Er schrie nur noch herum, und wenn die Kinder nicht sofort auf ihn hörten, schlug er sie sogar. Er hatte seiner Frau auch schon gesagt, daß er sie nicht mehr liebte und nur wegen der Kinder bei ihr blieb. Die Kinder hatten Angst, wenn er nach Hause kam und dann wegen Kleinigkeiten tobte.
Ein anderer Fall blieb mir besonders in Erinnerung. Eine Frau besuchte mich mit ihrer dreijährigen Tochter, deren Haut mit Brandwunden bedeckt war. Weinend erzählte mir die Frau, daß ihr Mann seine Zigarette auf dem Körper der Tochter ausdrücke, wenn er wütend sei. Das kleine, liebenswerte Mädchen sah mich mit großen, trau-

rigen Augen an und kuschelte sich an ihre Mutter. Ich kann heute noch nicht verstehen, wie ein Mensch so grausam zu Mitmenschen bzw. zu seinem eigen Fleisch und Blut sein kann. Die Frau erklärte mir weiter, daß ihr Mann arbeitslos sei und deshalb viel zu viel trinke. Völlig verzweifelt bat sie mich um Hilfe, die ich Ihr natürlich auch gab.

In solchen und ähnlichen Fällen nehme ich den Trennungsauftrag an und kann diesen auch mit meinem Gewissen vereinbaren. Niemand muß bei einem Menschen bleiben, der ihn nur demütigt oder auch quält. Wenn dann die beabsichtigte Trennung aus eigener Kraft nicht oder nur sehr schwer geschafft wird, ist das Helfen für mich keine Frage.

Alle Leserinnen und Leser, die sich in »Freundschaft« von ihrem Partner trennen möchten, finden anschließend sehr kraftvolle Trennungsrituale. Unter dem Begriff »Freundschaft« verstehe ich in diesem Fall, daß Sie versuchen sollten, keine Haßgefühle gegenüber Ihrem früheren Partner zu haben. Lassen Sie sich nicht hinreißen zu irgendwelchen Verfluchungen oder üblen Nachreden, denn diese würden auf alle Fälle früher oder später auf Sie zurückfallen. Lassen Sie den Menschen, der Sie gequält oder Ihnen Schaden zugefügt hat, einfach ziehen. Ich weiß, daß das nicht leicht ist, aber wenn Sie es so schaffen, belasten Sie Ihr Karma nicht und haben einen sehr großen Schritt in Ihrem spirituellen Wachstum gemacht, der sich nicht nur in diesem Leben, sondern bestimmt auch in zukünftigen positiv auswirken wird.

Trennungsritual mit Hilfe des Erzengels Bariel

Dieses Ritual können Sie täglich zur Saturnzeit zelebrieren.

Sie benötigen:
Eine braune Altardecke, zwei weiße Altarkerzen sowie eine braune Engelskerze, ein Erzengel-Räucherstäbchen, einen Zahnstocher zum Ritzen der Kerze, eine Schale mit heiligem Wasser, ein Fläschchen Erzengel-Öl, Zündhölzer, ein Sitzkissen zum Meditieren und etwas Kräutermischung »Bariel«.

Ritualvorbereitung:
Legen Sie die Altardecke über Ihren Ritualtisch, und plazieren Sie auf diesen links und rechts oben die beiden Altarkerzen. Ritzen Sie anschließend folgendes mit dem Zahnstocher in die Engelskerze:

(Ihren Namen und Ihr Geburtsdatum)

sowie:

»Der Weg meines Partners und der meine trennen sich in Freundschaft und Verständnis. Im Namen Bariels geschehe dies sofort.«

Reiben Sie die Engelskerze kräftig mit dem Erzengel-Öl ein, und stellen Sie diese in die Mitte Ihres Altars. Rechts neben die Engelskerze plazieren Sie die Schale mit heiligem Wasser und links das Räucherstäbchen. Verteilen Sie nun die Bariel-Kräuter rings um die Engelskerze, und legen Sie alle anderen Utensilien bereit. Begeben Sie sich nach einer abschließenden Überprüfung Ihres Altars zu Ihrer eigenen Vorbereitung ins Bad.

Eigene Vorbereitung:
Lassen Sie angenehm warmes Wasser in die Badewanne laufen, und geben Sie neun Tropfen Erzengel-Öl hinzu. Legen Sie sich anschließend in die Wanne, und schließen Sie Ihre Augen. Lassen Sie sich einfach fallen in das angenehme Gefühl der Wärme, der Ruhe und Entspannung. Nichts kann Sie mehr stören, und nichts ist mehr wichtig. Sie atmen ganz ruhig ein und wieder aus, genau so, wie es Ihr Atemreflex vorgibt. Ihr ganzer Körper ist locker und leicht. Jeder Muskel ist entspannt, und Sie genießen diese Harmonie, die Sie umgibt.
Vor Ihrem geistigen Auge taucht eine Blumenwiese auf, die in den herrlichsten Farben leuchtet. Inmitten dieser Wiese tanzt ein Engel, der in den schönsten Erdfarben leuchtet. Sein Gewand glänzt in warmem Braun, und sein Haar schimmert in hellem Grün. Lächelnd sieht er Sie an und sagt mit tiefer, warmer Stimme:

»Ich bin der Erzengel Bariel, und ich tanze den Tanz des Lebens und der Vergänglichkeit. Nichts hat Bestand, jedes Leben ist auch Veränderung. Du möchtest Dich auch verändern, denn Du bist gereift und bereit für einen neuen Anfang. Komm und sag mir Deinen Wunsch, und ich verhelfe Dir zu neuen Herausforderungen.«

Gehen Sie zu ihm, und sagen Sie ihm Ihren Wunsch. Sie brauchen keine Angst haben, Bariel wird Ihnen zeigen, wie Sie wieder voller Harmonie leben können. Er wird

Ihnen und Ihrem Partner helfen, damit jeder für sich seinen richtigen Weg findet. Fühlen Sie die göttliche Liebe Bariels. Wenn Sie vollkommen eins mit ihr sind, steigen Sie aus der Wanne und trocknen sich ab. Ziehen Sie sich etwas Bequemes an, und gehen Sie zu Ihrem Ritualtisch.

Ritual:
Besprenkeln Sie nun zur Reinigung den gesamten Altar, und sagen Sie dabei:

»Gereinigt und gesegnet sei nun diese heilige Stätte,
im Namen Bariels.«

Visualisieren Sie Ihren Schutzkreis um sich und den Altar. Zünden Sie anschließend die beiden Altarkerzen sowie das Räucherstäbchen an, und rufen Sie mit seitlich ausgebreiteten Armen:

»Ich rufe Euch, Ihr Geistwesen der Himmlischen Sphären.
Eilt herbei und schützt diese heilige Stätte.
So sei es sofort.«

Entzünden Sie nun die Engelskerze, und sagen Sie erneut mit seitlich ausgebreiteten Armen:

»Bariel, ich rufe Dich in meine Mitte, komm und höre
mein Flehen. Ich möchte mein Leben in Liebe
und Harmonie verbringen.
Für meinen Partner und mich endet der gemeinsame Weg.
Wir trennen uns in Freundschaft. Er soll Liebe anderswo
finden und glücklich von mir ziehen. Führe Du uns,
oh Bariel, zu unserem rechten Weg.
So soll es nun geschehen, mit all Deiner Güte.«

An dieser Stelle meditieren Sie nochmals, wie Sie es während Ihres Bades schon gemacht haben. Setzen Sie sich hierzu auf das Kissen vor Ihren Altar. Entspannen Sie sich, und genießen Sie die Harmonie und die Atmosphäre des Rituals, die Sie umgibt.
Vor Ihrem geistigen Auge sehen Sie wieder die schon »besuchte« Blumenwiese, die in herrlichen Farben leuchtet. Sie sehen auch den Engel wieder tanzen, und wie bei Ihrem ersten Besuch erkennen Sie ihn an seinem Gewand, das in warmen Brauntönen glänzt. Gehen Sie wieder zu ihm und erzählen ihm nochmals Ihren Wunsch. Danach bedanken und verabschieden Sie sich mit Ihren eigenen Worten voller Liebe vom Erzengel Bariel und von den Geistwesen.
Lassen Sie anschließend alle Kerzen sowie das Räucherstäbchen ganz abbrennen, und vergraben Sie alle Ritualreste am darauffolgenden Sonntag zur Sonnenzeit an einer Weggabelung. Beim Weggehen drehen Sie sich nicht mehr um, sondern gehen mit Zuversicht und dem Wissen, daß nun ein neuer Lebensabschnitt beginnt, Ihres Weges. Schon bald wird auch Ihr Partner einen eigenen Weg gehen.

Partnertrennung mit Hilfe Ihres Schutzengels

Dieses Ritual können Sie jeweils donnerstags zur Saturnzeit zelebrieren.

Sie benötigen:
Eine violettfarbene Altardecke, zwei weiße Altarkerzen, eine violettfarbene Schutzengelkerze, ein Fläschchen Schutzengelöl, ein Schutzengel-Räucherstäbchen, einen Zahnstocher zum Ritzen der Kerze, Zündhölzer, ein Sitzkissen zum Meditieren während des Rituals und eine Schale mit heiligem Wasser.

Ritualvorbereitung:
Legen Sie die Altardecke über Ihren Ritualtisch, und plazieren Sie auf diesen links und rechts oben die beiden Altarkerzen. Ritzen Sie nun folgendes mit dem Zahnstocher in die Schutzengelkerze:

(Ihren Namen und Ihr Geburtsdatum)

sowie:

»Du, (ritzen Sie den Namen und das Geburtsdatum
Ihres Partners ein, der sich von Ihnen trennen soll), findest
Deinen Seelenpartner und gehst glücklich von mir.
So geschehe es, mit aller Liebe meines Schutzengels,
ab sofort.«

Reiben Sie die Kerze anschließend gut mit dem Schutzengelöl ein, und plazieren Sie diese in die Mitte Ihres Altars. Die Schale mit dem heiligen Wasser stellen

Sie rechts, das Räucherstäbchen links neben die Schutzengelkerze. Legen Sie alle Utensilien in Griffnähe bereit.

Eigene Vorbereitung:
Lassen Sie warmes, nicht zu heißes Wasser in die Wanne laufen und geben Sie neun Tropfen Schutzengelöl hinzu. Legen Sie sich anschließend in die Wanne, und schließen Sie Ihre Augen. Ihr Atem geht ruhig und gleichmäßig. Lassen Sie sich einfach fallen in das schöne Gefühl der Wärme und der Ruhe. Jeder Muskel Ihres Körpers ist vollkommen entspannt und locker.
Vor Ihrem geistigen Auge taucht eine Lichtung im Wald auf. Goldenes Licht strahlt durch die Bäume und verzaubert die Wiese und die dort wachsenden Blumen in ein Wunder aus Tausendundeiner Nacht. Aus dem Schatten eines Baumes tritt ein hell leuchtender Engel hervor und lächelt Sie voller Liebe an. Mit glockenklarer Stimme sagt er zu Ihnen:

»Willkommen, ich bin Dein Schutzengel, und ich bin gekommen, um Dir aus einer schwierigen Situation herauszuhelfen. Du trägst viele Sorgen auf Deinen Schultern, und nun ist es Zeit, sie abzulegen. Ich höre, wie Dein Herz weint, doch mit meiner Liebe wirst Du zu neuem Glück finden.«

Langsam gehen Sie zu Ihrem Schutzengel, und setzen sich mit ihm in die Wiese. Sie können ihm jetzt alles sagen, was Ihr Herz bewegt. Anschließend steht Ihr Schutzengel auf und zeichnet Psalme auf Ihre Stirn. Während er dies tut sagt er:

»Du bist frei und bereit für Deinen neuen Weg,
und Du kannst sicher sein, daß ich Dich stets begleite
und Dich dahin führe, wo die Liebe auf Dich wartet.«

Bedanken Sie sich, und verabschieden Sie sich nun von Ihrem Schutzengel mit der Gewißheit, göttliche Hilfe erhalten zu haben. Steigen Sie anschließend aus der Wanne, und trocknen Sie sich ab. Ziehen Sie sich nun etwas Bequemes an, und begeben Sie sich zu Ihrem Altar.

Ritual:
Besprenkeln Sie nun den gesamten Altar mit dem heiligen Wasser, und sagen Sie dabei:

»Gereinigt und gesegnet sei nun diese heilige Stätte
im Namen meines Schutzengels.«

Visualisieren Sie einen goldfarbenen Schutzkreis um sich und Ihre Ritualstätte. Zünden Sie anschließend die beiden Altarkerzen sowie das Räucherstäbchen an, und sagen Sie mit seitlich ausgebreiteten Armen:

»Ich rufe Euch, Ihr Schutzgeister der himmlischen Sphären,
und erbitte Euren göttlichen Schutz.
So geschehe es, nun geschwind.«

Entzünden Sie anschließend die Schutzengelkerze, und sagen Sie erneut mit ausgebreiteten Armen:

»Dich, mein Schutzengel, der meine tiefsten Ängste
und Sorgen kennt, bitte ich, hier in meiner Mitte
zu erscheinen und mein Flehen zu erhören.
Mein Herz liebt einen anderen Menschen,

mit dem ich mein Leben teilen möchte. Gib mir die Kraft, meinen neuen Weg zu gehen. Führe auch meinen jetzigen Partner hinaus aus der Dunkelheit und hin zu seiner Seelenpartnerin. Mit all Deiner Liebe möge es so geschehen.«

Lassen Sie, wie bei jedem Ritual, die Atmosphäre Ihrer Zeremonie auf sich wirken, und visualisieren Sie die Begegnung mit Ihrem Engel so, wie bei Ihrem Bad. Setzen Sie sich vor Ihren Altar auf das Kissen, und meditieren Sie. Nach einer Weile bedanken und verabschieden Sie sich mit Ihren eigenen Worten voller Dankbarkeit von den Schutzgeistern sowie von Ihrem Schutzengel. Lassen Sie die Kerzen sowie das Räucherstäbchen ganz abbrennen. Werfen Sie alle Ritualreste an einem Dienstag vor Mitternacht in fließendes Gewässer, und gehen Sie dann sofort Ihres Weges, ohne den weggeworfenen Ritualresten nachzusehen. Seien Sie sicher, daß nun ein neuer Lebensabschnitt beginnt. Entsprechend sollten Sie auch Ihre Planungen festlegen und unbeirrbar verwirklichen. Binnen kurzer Zeit löst sich dann auch Ihr Partner und geht seinen eigenen Weg.

Viertes Kapitel

Gesundheitsrituale mit Erzengelmacht

Bevor Sie Gesundheitsrituale zelebrieren, sollten Sie sich zuerst die Frage stellen »Was hat mich krank gemacht?« Krankheit ist nur die Antwort Ihres Körpers auf seelisches Leid.

So sagte mir eine bulimiekranke Frau, daß sie der Ärger mit ihrem Mann schwer belaste. Ständig käme dieser betrunken nach Hause und beschimpfe sie. Die Frau fand nur noch Trost im Essen. Gleich danach überkam sie allerdings Haß auf sich selbst, weil sie wieder einmal nicht stark genug gewesen war, um dem Essenstrieb zu widerstehen und sich nun zum Übergeben zwang.

Eine andere Klientin sagte mir vor einiger Zeit, daß alles immer an ihr hängen bleibe, die Kinder, der Haushalt, die Arbeit im Büro und zu guter Letzt auch noch die Schwiegermutter. Die Frau vor mir wog mindestens 110 kg und wirkte gehetzt und unglücklich. Den ganzen Streß und Ärger »fraß« sie täglich in sich hinein, und so zeigte auch ihre Waage immer mehr Körpergewicht an. Essen, das war das einzige, was sie nur für sich tat, und darin fand sie einen scheinbaren Ersatz für Liebe und Anerkennung.

In meiner Nachbarschaft lebte eine Frau, die stets bemüht war, es jedem recht zu machen. Sie half jedem und hatte stets ein offenes Ohr für die großen und kleinen Probleme ihrer Mitmenschen. Als sie erfuhr, daß sie Krebs hatte, brach eine Welt für sie zusammen. Zum erstenmal in ihrem Leben war sie gezwungen, an sich selbst zu denken. Sie begann zu meditieren und zu beten und fand so ihren inneren Frieden.

Es heißt nicht umsonst: »Liebe Deinen Nächsten wie Dich selbst.« Wenn man jedoch keine Zeit hat, sich selbst zu lieben, weil man mit den Sorgen der anderen zu beschäftigt ist, fordern sowohl der Körper wie auch die Seele ihre Rechte. Sie werden dann durch Krankheiten gezwungen, sich mit sich selbst auseinanderzusetzen. Lieben Sie sich selbst! Harmonie und Ausgeglichenheit kommen nur zustande, wenn Sie das äußere Umfeld und das eigene Selbst gleichermaßen berücksichtigen. Wenn Sie den göttlichen Mittelpunkt in sich finden, gibt es weder Leid noch Krankheit, denn Sie werden die göttliche Liebe verwirklichen. Vertrauen Sie Ihrer eigenen göttlichen Macht, und Sie werden Heilung finden.

Gesundheitsritual mit einer blauen Schutzengelkerze

Dieses Ritual können Sie jeden Tag zur Sonnenzeit zelebrieren.

Sie benötigen:
Eine blaue Altardecke, zwei weiße Altarkerzen, eine blaue Schutzengelkerze, einen Zahnstocher zum Ritzen der Kerze, ein Fläschchen Schutzengelöl, zwei Schutzengel-Räucherstäbchen, eine Schale mit heiligem Wasser, Zündhölzer, eine feuerfeste Schale oder Räucherkessel, ein Bild von sich selbst oder der Person, der Sie helfen möchten, ein Sitzkissen und einen wasserfesten Filzschreiber.

Ritualvorbereitung:
Legen Sie die Altardecke über Ihren Ritualtisch, und plazieren Sie auf diesen links und rechts oben die beiden Altarkerzen. Ritzen Sie nun mit dem Zahnstocher folgendes in die Schutzengelkerze:

(Ihren Namen und Ihr Geburtsdatum oder die entsprechenden Daten der Person, der Sie helfen möchten)

sowie:

»Das göttliche Licht der Liebe erfüllt (mein bzw. Name der Person) ganzes Sein. Jede Zelle (meines bzw. Name der Person) Körpers ist geheilt durch des Engels Macht. So geschehe es sogleich.«

Reiben Sie die Kerze anschließend gut mit dem Schutzengelöl ein und stellen Sie diese in der Mitte Ihres Altars auf. Nehmen Sie Ihr Bild (bzw. das Bild der Person, der Sie helfen möchten), und schreiben Sie mit dem Filzschreiber auf die Rückseite:

(Name und Geburtsdatum der abgebildeten Person)

Legen Sie nun das Bild vor die Schutzengelkerze, und plazieren Sie die beiden Räucherstäbchen links und rechts daneben. Die Schale mit dem heiligen Wasser stellen Sie in die rechte untere Ecke und die feuerfeste Schale oder den Räucherkessel auf die linke Seite Ihres Altars. Legen Sie auch alle anderen Utensilien bereit, und überprüfen Sie nochmals alles. Begeben Sie sich anschließend ins Bad zu Ihrer eigenen Vorbereitung und Reinigung.

Eigene Vorbereitung:
Lassen Sie warmes, nicht zu heißes Wasser in die Wanne laufen und geben Sie sieben Tropfen Schutzengel-Öl hinzu. Legen Sie sich anschließend in die Wanne und schließen Sie Ihre Augen. Atmen Sie ganz ruhig ein und wieder aus. Atmen Sie nicht zu tief oder zu hektisch, sondern nur so, wie es Ihr Atemreflex vorgibt – also ganz normal.
Nichts kann Sie mehr stören, und nichts ist mehr wichtig. Sie lassen sich einfach fallen in das schöne Gefühl der Ruhe und Entspannung. Jeder Muskel Ihres Körpers ist leicht und locker, und mit jedem Atemzug sinken Sie tiefer und tiefer in das Reich der göttlichen Liebe. Vor Ihrem geistigen Auge taucht eine Holztreppe auf, und Sie steigen langsam Stufe für Stufe hinab. Sie gehen immer

weiter und weiter hinunter. Vor Ihnen erscheint dann eine alte Holztür. Betrachten Sie diese kurz, um sie dann ohne Angst zu öffnen. Treten Sie durch die Tür, und Sie befinden sich in einem wunderschönen Wald. Der angenehme Duft wilder Blumen, Kräuter und Harze steigt Ihnen in die Nase. Die Tannen leuchten in sattem Grün, das Zwitschern der Vögel verzaubert Sie und hüllt Sie ein in den Mantel der Harmonie. Vor Ihnen befindet sich ein kleiner Pfad, dem Sie folgen.

Nach einigen Schritten taucht ein kleines Häuschen vor Ihnen auf. Das Dach ist vollkommen mit Moos bedeckt, und an den Mauern wachsen wilde Rosen. Sie gehen auf das Haus zu und öffnen die Tür. Aus dem Inneren des Hauses ertönt eine glockenklare Stimme, die Sie bittet einzutreten. Langsam gehen Sie in das Haus und stehen einem wunderschönen Wesen gegenüber. Sehen Sie sich ruhig um. Überall im Haus brennen Kerzen, und an den Wänden wachsen die gleichen wilden Rosen wie an den Außenmauern. Der Duft jener Rosen ist lieblich und betörend.

Ihr Blick fällt wieder auf das göttliche Wesen, das lächelnd auf einem Kissen in der Mitte des Zimmers sitzt. Es erstrahlt in einem angenehmen, goldfarbenen Licht. Es winkt Ihnen freundlich zu und sagt:

»Ich bin Dein Schutzengel und freue mich, Dir zu helfen.
Dein Leid ist nicht für ewig, das Rad der Zeit dreht sich
immer weiter, und aus Leid wird Freude.
Dein Lehrweg in diesem Leben war hart,
doch Du bist gereift und hast zu mir gefunden.

Setz Dich zu mir, und ich weihe Dich ein
in das Geheimnis Deines Leids.«

Sie setzen sich zu ihm, und Ihr Schutzengel hält Ihre Hand. Seine Liebe erfüllt Ihren ganzen Körper, und Sie sind eins mit ihm.

»Du fragst Dich, warum gerade Du so leiden mußt,
und an manchen Tagen, wenn der Schmerz übermächtig ist,
verlierst Du den Mut zum Leben.
Doch Leiden bedeutet auch wachsen und reifen,
um das Göttliche in sich zu finden. Dein Göttliches
in Dir kennt weder Krankheit noch Leid,
denn es ist vollkommene Liebe. Nichts ist wichtiger
als Du selbst und Dein göttliches Selbst.
Habe Vertrauen zu mir, und ich führe Dich
zu Deinem göttlichen Mittelpunkt.
Gesundheit, Vitalität und Glück werden dann
Deine ständigen Begleiter sein.«

Der Engel zeichnet Psalmen auf Ihren Körper und flüstert Formeln auf Ihr drittes Auge. Er hält Ihre Hand und spricht:

»Gehe nun zurück und sei gewiß, daß ich stets bei Dir bin.
Du wirst Heilung finden, denn alle Macht ist in Dir.«

Bedanken Sie sich voller Liebe bei Ihrem Schutzengel, und gehen Sie den Weg zurück, den Sie gekommen sind: durch die Tür hinaus, den Pfad entlang durch den Wald, bis zur Holztür. Gehen Sie durch die Tür, schließen Sie sie wieder, und gehen Sie dann die Holztreppe nach oben.

Mit der Gewißheit, Ihren Schutzengel jederzeit wieder besuchen zu können, öffnen Sie langsam Ihre Augen. Steigen Sie anschließend aus der Wanne, und trocknen Sie sich ab. Ziehen Sie sich nun etwas Bequemes an, und begeben Sie sich zu Ihrem Altar.

Ritual:
Besprenkeln Sie nun den gesamten Altar mit etwas heiligem Wasser, und sagen Sie dabei:

»Gereinigt und gesegnet sei diese rituelle Stätte.«

Nun visualisieren Sie einen goldfarbenen Schutzkreis um sich und den Altar. Zünden Sie anschließend die beiden Altarkerzen an, und sprechen Sie mit seitlich ausgebreiteten Armen:

»Eilt herbei, Ihr Geister der himmlischen Sphären
und schützt dieses Ritual.«

Entzünden Sie nun die beiden Räucherstäbchen sowie die Schutzengelkerze, und sagen Sie erneut mit seitlich ausgebreiteten Armen:

»Du, mein Schutzengel, der ständig um mich und in mir ist,
Dich rufe ich zu mir in meine Mitte. Du weißt,
wie Schmerzen meinen Körper quälen und wie Leid
meine Seele zerfrißt. Vereine Du nun meinen Körper,
meine Seele und meinen Geist zu einer Einheit.
Möge das göttliche Licht durch meinen Körper fließen
und mich einhüllen in den Mantel,
der mir vollkommene Heilung schenkt.
Mit all Deiner Liebe möge es nun so geschehen.«

Setzen Sie sich nun auf das Kissen vor Ihren Altar, und schauen Sie einige Minuten in die Flamme der Schutzengelkerze. Schließen Sie dann Ihre Augen. Nun können Sie noch einmal zu Ihrem Schutzengel gehen, wie Sie das schon während Ihrem Bad gemacht haben. Visualisieren Sie dann anschließend, wie Sie vollkommen gesund sind und glücklich Ihrer Arbeit nachgehen. Sehen und fühlen Sie das goldene Licht, das Sie umgibt. Wenn Sie eins sind mit der Liebe und der Kraft Ihres Engels, stehen Sie auf und sagen Sie:

»Mit aller Macht sei es so.«

Halten Sie nun Ihr Bild hoch, und sprechen Sie dabei erneut:

»Vernichtet sei alles Leid.«

Zünden Sie nun das Bild an der Flamme der Schutzengelkerze an, und lassen Sie es dann in der feuerfesten Schale ganz verbrennen. Bedanken Sie sich mit Ihren eigenen Worten. Lassen Sie anschließend auch alle Kerzen und Räucherungen ganz abbrennen, und vergraben Sie sämtliche Ritualreste am darauffolgenden Sonntag unter einem Baum Ihrer Wahl.

Schutzengelritual bei Karzinom

Dieses Ritual können Sie jeden Tag zur Sonnenzeit zelebrieren.

Sie benötigen:
Eine goldfarbene Altardecke, zwei goldfarbene Altarkerzen, eine goldfarbene Schutzengelkerze, einen Zahnstocher zum Ritzen der Kerze, ein Fläschchen Erzengelöl, eine Schale mit heiligem Wasser, sieben Erzengel-Räucherstäbchen, ein Bild von Ihnen oder der Person, der Sie helfen möchten, einen wasserfesten Filzschreiber, einen Sugilith-Edelstein, den Sie an einem Lederband befestigen, und ein Sitzkissen.

Ritualvorbereitung:
Legen Sie die Altardecke über Ihren Ritualtisch, und plazieren Sie auf diesen links und rechts oben die beiden Altarkerzen. Ritzen Sie nun folgendes in die Schutzengelkerze:

(Ihren Namen und Ihr Geburtsdatum bzw. die entsprechenden Daten der Person, der Sie mit diesem Ritual helfen möchten)

sowie:

»Jede Zelle (meines bzw. von (Name der Person, der Sie helfen möchten)) Körpers ist eingebettet in das göttliche Licht der Liebe und Heilung. So sei es, mit aller Macht (meines/seines/ihres) Schutzengels.«

Reiben Sie die Kerze anschließend kräftig mit dem Erzengelöl ein, und stellen Sie diese in die Mitte Ihres Altars. Die Schale mit dem heiligen Wasser stellen Sie rechts, den Sugilith links neben die Erzengelkerze. Plazieren Sie nun die sieben Räucherstäbchen als Kreis um die Erzengelkerze, den Sugilith und die Schale mit dem heiligen Wasser. Nehmen Sie nun das Bild, und schreiben Sie mit dem Filzschreiber auf die Rückseite:

(Ihren Namen und Ihr Geburtsdatum bzw. die Daten der Person, der Sie helfen möchten)

Legen Sie dann das Bild vor den Räucherstäbchenkreis. Legen Sie auch wieder alle anderen Ritualgegenstände in Griffnähe bereit. Nach einer Überprüfung Ihres Altars können Sie sich dann ins Bad begeben, um sich zu reinigen und um sich selbst vorzubereiten.

Eigene Vorbereitung:
Lassen Sie warmes Wasser in die Badewanne laufen, und geben Sie sieben Tropfen Erzengelöl hinzu. Legen Sie sich anschließend hinein, und schließen Sie Ihre Augen. Nichts kann Sie mehr stören, und nichts ist mehr wichtig. Sie lassen sich einfach fallen in das angenehme Gefühl der Ruhe und Entspannung. Mit jedem Atemzug sinken Sie tiefer und tiefer in das angenehme Gefühl der Ruhe.

Vor Ihrem geistigen Auge taucht eine Treppe auf und Sie steigen langsam die Stufen hinunter. Sie gehen vertrauensvoll und ohne Angst immer weiter hinunter, bis Sie ganz unten eine Tür sehen. Es ist eine schöne Tür, die Sie öffnen, um in eine Welt voller Liebe und Harmonie zu schreiten. Sie befinden sich in einem bezaubernden Garten voller wunderschöner Blumen. Der Duft der Blüten verzaubert Sie, und ein Gefühl der Ruhe und Harmonie breitet sich langsam in Ihnen aus. Inmitten dieses Gartens befindet sich ein Pavillon, der über und über mit den schönsten Blumen bewachsen ist. Sie gehen darauf zu und treten ein. Auf einer Bank sitzt ein Engel, der Sie freundlich anlächelt und Sie bittet, sich zu ihm zu setzen. Mit liebevoller Stimme sagt er zu Ihnen:

»Du hast in der Vergangenheit nur an andere gedacht, und nun wurdest Du gezwungen, nur an Dich zu denken. Gehe in Dich, und liebe Deinen Körper, Deinen Geist und Deine Seele aus tiefstem Herzen.«

Der Engel legt seine Hand auf Ihr Haupt und spricht erneut:

»Ich sende Dir das göttliche Licht der Heilung. Jede Deiner Zellen leuchten nun im göttlichen Licht. Du bist eins mit meiner Liebe, die Dich einhüllt und schützt.«

Wenn Sie vollkommen eins sind mit dem Schutzengel und seiner Liebe, bedanken Sie sich und gehen den Weg zurück, den Sie gekommen sind. Steigen Sie anschliessend aus der Badewanne und trocknen Sie sich ab. Ziehen Sie sich nun etwas Bequemes an, und begeben Sie sich zu Ihrem Altar.

Ritual:
Besprenkeln Sie zur Reinigung den gesamten Altar mit etwas heiligem Wasser, und sagen Sie dabei:

»Mit der göttlichen Liebe meines Schutzengels sei diese rituelle Stätte gereinigt und geweiht.«

Visualisieren Sie einen goldfarbenen Schutzkreis um sich und Ihren Ritualtisch. Zünden Sie anschließend die Altarkerzen an, und sprechen Sie mit seitlich ausgebreiteten Armen:

»Ihr göttlichen Wächter der himmlischen Sphären, eilt herbei und schützt diese heilige Stätte.«

Entzünden Sie nun die Räucherstäbchen sowie die Schutzengelkerze, und sagen Sie erneut mit seitlich ausgebreiteten Armen:

»Du, mein Schutzengel, kennst mein Leid, meine Schmerzen und meine Ängste. Ich rufe Dich und erbitte Heilung. Die Strahlen Deines göttlichen Scheins mögen meinen Körper in Liebe einhüllen und jede meiner Zellen durchfluten.«

Halten Sie nun den Sugilith mit der linken Hand über die Flamme der Schutzengelkerze, und sagen Sie:

»Göttliche Kräfte mögen sich in diesem Edelstein vereinen und mir Gesundheit, Kraft und Vitalität schenken. Mit aller Liebe meines Schutzengels geschehe es jetzt, zu dieser Stund.«

Legen Sie den Sugilith zurück auf den Altar, und setzen Sie sich bequem auf das Kissen vor Ihrem Ritualtisch. Meditieren Sie einige Minuten über Ihren Heilungswunsch, wie Sie dies auch schon während Ihres Bades getan haben.
Sehen Sie sich eingehüllt in goldenes Licht, und spüren Sie die göttliche Liebe, die sich langsam in Ihnen verbreitet. Wenn Sie vollkommen eins sind mit der Liebe und der Kraft Ihres Schutzengels, stehen Sie auf und bedanken sich mit Ihren eigenen Worten bei den Wächtern und bei Ihrem Schutzengel. Verabschieden Sie sich anschließend auch voller Liebe, und seien Sie gewiß, daß Sie jederzeit Kontakt zu Ihrem Schutzengel aufnehmen können, um ihn um Rat zu fragen oder auch um Ihre Bitten vorzutragen.
Lassen Sie die Kerzen und Räucherstäbchen ganz abbrennen. Vergraben Sie die Ritualreste am darauffolgenden Sonntag, und tragen Sie den Sugilith ständig als Talisman bei sich. Wenn Sie das Gefühl haben, daß die Kraft, die Sie von Ihrem Edelstein bekommen, nachläßt, können Sie das Ritual wiederholen. Sollte der Edelstein mit der Zeit eine stumpfe Farbe bekommen, trübe werden oder gar zerspringen, dann sollten Sie ihn, mit Dank für die Hilfe, der Natur zurückgeben und an einem schönen Platz vergraben. Weitere Rituale sollten Sie mit einem neuen Stein durchführen.

Schutzengelritual gegen Depressionen

Dieses Ritual können Sie an einem Sonntag zur Sonnenzeit zelebrieren.

Sie benötigen:
Eine blaue Altardecke, zwei weiße Altarkerzen, eine blaue Schutzengelkerze, ein Fläschchen Schutzengelöl, einen Zahnstocher zum Ritzen der Kerze, Zündhölzer, ein Sitzkissen, eine Schale mit heiligem Wasser, eine kleine Schale mit Salzwasser und ein Astralsandelholz-Räucherstäbchen.

Ritualvorbereitung:
Legen Sie die Altardecke über Ihren Ritualtisch, und plazieren Sie auf diesen links und rechts oben die beiden Altarkerzen. Ritzen Sie nun mit dem Zahnstocher folgendes in die Schutzengelkerze:

(Ihren Namen und Ihr Geburtsdatum)

sowie:

»Ich ruhe in meiner göttlichen Mitte des Friedens und der Harmonie.«

Reiben Sie die Schutzengelkerze anschließend kräftig mit dem Schutzengelöl ein, und stellen Sie diese in die Mitte Ihres Altars. Die Schale mit dem Salzwasser plazieren Sie rechts neben die Schutzengelkerze und das Räucherstäbchen links. Alle anderen Utensilien legen Sie auch bereit. Prüfen Sie nochmals, ob alles seine Richtigkeit hat, und wenn Ihr Ritualtisch zu Ihrer

Zufriedenheit hergerichtet ist, können Sie sich selbst vorbereiten und reinigen.

Eigene Vorbereitung:
Lassen Sie angenehm warmes Wasser in Ihre Badewanne laufen, und geben Sie sieben Tropfen Schutzengelöl hinzu. Legen Sie sich anschließend in die Wanne, und schließen Sie Ihre Augen. Nichts ist mehr wichtig, und nichts kann Sie mehr stören. Sie lassen sich einfach fallen in das schöne Gefühl der Wärme, Ruhe und Entspannung. Immer tiefer und tiefer sinken Sie in dieses angenehme Gefühl. Sie fühlen sich ganz gelöst.
Vor Ihrem geistigen Auge taucht nun eine Treppe auf. Es ist eine schöne Treppe, die Sie sich vorstellen können, wie Sie wollen. Langsam steigen Sie Stufe für Stufe hinunter, und je weiter Sie hinabsteigen, um so ruhiger und gelöster werden Sie und um so angenehmer fühlen Sie sich. Ganz unten sehen Sie eine große Tür. Sie betrachten diese eindrucksvolle Tür kurz, öffnen sie dann und gehen hindurch.
Sie befinden sich nun auf einer wunderschönen Blumenwiese. Gehen Sie über die Wiese, und fühlen Sie die Kraft der Natur. Sie kommen zu einem kleinen Pfad, der an einem Bach entlangführt, in dem kleine Fische emsig umherschwimmen. Sie folgen dem Pfad und lauschen dem Plätschern des Baches. Nach einem Stück des Weges taucht vor Ihnen ein blau leuchtender Engel auf, der auf einem Stein sitzt. Er lächelt Ihnen zu und bittet Sie, sich zu ihm zu setzen. Er nimmt Ihre Hand und sagt voller Liebe:

»In Deinem Herzen herrscht Traurigkeit und Angst.
Du hast vergessen, an Dich zu glauben,
und so hast Du Deine göttliche Mitte verloren.
Ich geleite Dich auf den richtigen Weg, und so wirst Du
wieder glücklich und zufrieden sein. Du bist nie allein,
denn ich bin stets an Deiner Seite und hülle Dich
in meinen schützenden Mantel.«

Der Engel steht auf, sagt ganz liebevoll und mit einem Lächeln:

»Gehe nun zurück in Deine Welt und sei gewiß,
daß Du auf dem Weg der Heilung bist.«

Bedanken Sie sich nun bei dem Engel und gehen Sie denselben Weg zurück, den Sie gekommen sind. Den Pfad entlang, immer dem Bach folgend und dann über die Wiese bis zur großen Tür. Sie gehen wieder hindurch und dann die Treppe hinauf.
Wenn Sie oben angekommen sind, spüren Sie das warme Wasser, in dem Sie in Ihrer Badewanne liegen. Jetzt können Sie wieder die Augen öffnen und aus der Wanne steigen. Trocknen Sie sich anschließend ab, und ziehen Sie sich etwas Bequemes an. Begeben Sie sich dann zu Ihrem Altar.

Ritual:
Beträufeln Sie den gesamten Altar mit dem heiligem Wasser, und sagen Sie dabei:

»Ich, (sagen Sie Ihren Namen), reinige und segne
diese heilige Stätte. So sei es sofort.«

Wie immer nach der Altarweihe visualisieren Sie einen goldfarbenen Schutzkreis um sich und Ihren Altartisch. Zünden Sie nun die beiden Altarkerzen an, und sprechen Sie in Anrufungshaltung:

»Ihr himmlischen Wächter herbei, zum Schutze
dieser heiligen Stätte der Liebe.«

Entzünden Sie anschließend die Schutzengelkerze sowie das Räucherstäbchen und sagen Sie erneut mit seitlich ausgebreiteten Armen:

»Du, mein Schutzengel, höre mein Flehen, und eile zu mir
in meine Mitte. Sende Dein göttliches Licht der Liebe
in meinen Körper, meinen Geist und meine Seele.
Mögen sich meine Traurigkeit und mein Leid wandeln
in Kraft, Lebenslust und Vitalität. So geschehe es,
mit Deiner Liebe.«

Setzen Sie sich nun ganz entspannt auf das Kissen vor Ihrem Altar, und schauen Sie in die Flamme der Schutzengelkerze. Sehen Sie sich in goldenes Licht gehüllt, und fühlen Sie das Glück, das Sie umgibt.
Wenn Sie möchten, können Sie jetzt wieder die gleiche Meditation durchführen, die Sie schon in Ihrer Badewanne gemacht haben. Schließen Sie also die Augen und gehen Sie abermals die Treppe hinunter. Sie fühlen Sich schon viel sicherer, da Sie den Weg ja schon kennen. Am Ende der Treppe sehen Sie wieder die Tür, öffnen sie, gehen hindurch und stehen dann auf der schon bekannten Wiese. Auch den Weg am Bach entlang finden Sie sofort wieder, und nach ein paar Schritten treffen Sie

auch Ihren Engel wieder. Er hat Sie schon erwartet. Er nimmt Sie bei der Hand, und gemeinsam gehen Sie ein Stück des Weges. Sie erzählen dem Engel all Ihre Sorgen und Ängste. Wenn Sie fertig erzählt haben, sagt der Engel zu Ihnen:

»Das einzig Wichtige bist Du selbst, Du und Dein göttliches Selbst. Ruhe in dieser Kraft, nimm Dich ernst und wichtig. Ich geleite Dich auf den richtigen Weg, und so wirst Du wieder glücklich und zufrieden sein. Du bist nie allein, denn ich bin stets an Deiner Seite und hülle Dich in meinen schützenden Mantel.«

Wenn Sie nun vollkommen eins sind mit der Liebe Ihres Schutzengels, atmen Sie einmal oder zweimal tief ein und aus und öffnen dann langsam Ihre Augen. Stehen Sie auf, und sagen Sie erneut mit seitlich ausgebreiteten Armen:

»Mit all Deiner Liebe geschehe es so, geschwind.«

Bedanken und verabschieden Sie sich von den Wächtern und Ihrem Schutzengel mit Ihren eigenen Worten voller Liebe, Zuversicht und Vertrauen. Lassen Sie anschliessend alle Kerzen sowie die Räucherung ganz abbrennen. Vergraben Sie alle Ritualreste an einem Sonntag unter einem Rosenbusch.

Fünftes Kapitel

Abwehrzauber mit der Macht der Engel

Wozu dienen Abwehrrituale, und wann sind sie notwendig? Nun, zuerst sei gesagt, daß nicht hinter jedem Problem ein Fluch oder negative Einflüsse stecken. Manchmal werden uns Prüfungen von einer höheren Macht auferlegt, damit wir innerlich wachsen und reifen. Woher sollten wir wissen, daß es uns gut geht, wenn wir nicht auch den Abgrund gesehen haben?
Sie werden sich vielleicht fragen, woran man dann einen Fluch erkennt. Auf diese Frage möchte ich gerne näher eingehen: Wenn Sie zum Beispiel zu mir kommen, weil Sie sich krank und elend fühlen, obwohl die Ärzte nichts feststellen können, oder weil bei Ihnen bereits seit geraumer Zeit alles schiefgeht – Ihr Mann verläßt Sie, Ihre Wohnung wird gekündigt, die beste Freundin zieht sich ohne ersichtliche Gründe zurück, und Sie verlieren Ihre Arbeit –, dann weiß ich auch ohne Kartenlegen, daß hier offensichtlich ein Fluch vorliegt. Die Häufung negativer Ereignisse spricht für sich. Viele Personen leiden jahrelang, und keiner ihrer Mitmenschen nimmt es ernst, wenn die Gequälten von ihrem Leid oder Schmerz berichten. Sie werden als Simulanten und faules Gesindel abgestempelt. Viele dieser Menschen vereinsamen und leiden unter schweren Depressionen. Wenn der auf ihnen lastende Fluch aber aufgelöst wird, lösen sich auch die meisten Probleme wie von selbst. Ich habe Menschen erlebt, bei denen sogar nach einem Aufenthalt in der Nervenklinik keine Besserung eintrat. Sobald ich jedoch anfing, Abwehrrituale zu zelebrieren, waren die meisten dieser Menschen wie umgewandelt. Sie konnten sogar wieder arbeiten und ein vollkommen normales Leben führen.

Auf den folgenden Seiten finden Sie einige Abwehrrituale, die Sie mit Hilfe Ihres Engels erfolgreich zelebrieren können.

Abwehrzauber mit Hilfe Cassiels

Dieses Ritual können Sie jeden Tag zur Saturnzeit zelebrieren.

Sie benötigen:
Eine weiße Altardecke, zwei goldfarbene Altarkerzen, eine weiße Figurenkerze, ein Fläschchen Abwehröl, eine kleine Schale mit Salzwasser, einen Onyx-Edelstein, der nur so groß sein soll, daß Sie ihn nach Ihrem Ritual bei sich tragen können, Zündhölzer, einen Zahnstocher und sieben Sandelholz-Räucherstäbchen.

Legen Sie die Altardecke über Ihren Ritualtisch, und plazieren Sie auf diesen links und rechts oben die beiden Altarkerzen. Ritzen Sie nun folgendes in die weiße Figurenkerze:

(Ihren Namen, Ihr Geburtsdatum)

und:

»Das schützende göttliche Licht umhüllt mich.
So sei es nun geschwind.«

Reiben Sie nun die Figurenkerze mit Abwehröl ein, und plazieren Sie Sie in die Mitte Ihres Altares. Die Räucherstäbchen stellen Sie als Kreis um die Figurenkerze herum. Nun reiben Sie den Onyx mit etwas Ritualöl ein und legen ihn vor den Räucherstäbchenkreis. Die kleine Schale mit Salzwasser stellen Sie rechts vorne auf den Altar. Legen Sie nun noch alle anderen Utensilien in Griffnähe bereit, bevor Sie sich ins Bad begeben, um sich selbst vorzubereiten.

Eigene Vorbereitung:
Nehmen Sie ein entspannendes, warmes Bad, angereichert mit neun Tropfen Abwehröl. Etwa 15 Minuten lang meditieren Sie nun über Ihren Wunsch. Schließen Sie dazu Ihre Augen, und visualisieren Sie, wie angenehm warmes, goldfarbenes Licht Sie umhüllt. Dieses Licht wandert durch Ihren ganzen Körper, breitet sich in jeder einzelnen Zelle aus und hinterläßt nur Liebe und Schutz. Fühlen Sie, wie sich auch Geborgenheit in Ihrem Körper ausbreitet und ein Gefühl des Glücks und der Freiheit zurückbleibt. Alle Flüche sind von Ihnen genommen und haben sich gewandelt. Es sind keine negativen Energien mehr in Ihnen oder um Sie herum.
Wenn Sie vollkommen eins sind mit diesem Gefühl des Glücks, steigen Sie aus der Badewanne und trocknen sich ab. Ziehen Sie sich anschließend etwas Bequemes an, und begeben Sie sich zu Ihrem Altar.

Ritual:
Nach Ihrer eigenen Reinigung weihen Sie nun Ihren Altartisch, indem Sie ihn mit etwas Salzwasser beträufeln und sprechen:

»Hiermit reinige und weihe ich, (sagen Sie Ihren Namen), diesen Altar. So sei es!«

Wie immer nach der Altarweihe visualisieren Sie einen goldfarbenen Schutzkreis um sich und Ihren Ritualtisch.

Zünden Sie nun die beiden goldfarbenen Altarkerzen an, und sprechen Sie mit seitlich ausgebreiteten Armen:

»Schutzengel mein, komm zu mir in meine Mitte,
und befreie mich von Haß, Neid, Fluch und allen negativen
Energien. Ich bitte aus tiefstem Herzen um Schutz
und Licht für dieses Ritual.«

Entzünden Sie nun auch die Figurenkerze sowie die Räucherstäbchen, und sagen Sie erneut mit seitlich ausgebreiteten Armen:

»Du weiser Engel Cassiel, komm und hör mein Sagen.
Ich möchte meinen Feinden vergeben und sie in
das göttliche Licht der Liebe hüllen. Gib mir die Kraft
der Vergebung. Banne den Fluch, der mich
vernichten soll, und schicke Liebe zurück in ihre Herzen.
In Deinem göttlichen Namen, so soll es geschehen,
nun sofort.«

Nehmen Sie nun den Onyx in Ihre Hände, und halten Sie ihn mit offenen Handflächen vor die Figurenkerze. Dann stellen Sie sich vor, wie sich von der Kerzenflamme ein goldfarbener Lichtstrahl löst, der in den Edelstein strömt. Sagen Sie jetzt:

»Alle göttliche Kraft auch in diesen Edelstein.
Er sei mein Schutzschild, der Negatives in Licht
und Liebe wandelt.«

Legen Sie den Onyx wieder zurück auf den Altar. Lassen Sie das Ritual und die Atmosphäre noch einige Zeit auf sich wirken. Fühlen Sie die Anwesenheit des Engels und der göttlichen Kraft, die alles Negative gewandelt hat. Danach bedanken und verabschieden Sie sich vom Engel Cassiel mit Ihren eigenen Worten und lassen alle Kerzen und Räucherungen ganz abbrennen.

Werfen Sie alle Ritualreste an einem Donnerstag zur Saturnzeit in fließendes Gewässer, wobei Sie den davontreibenden Resten nicht nachsehen, sondern sich umdrehen und Ihres Weges gehen.

Den Onyx tragen Sie immer bei sich. Sollten negative Energien Sie erreichen, werden diese von dem gespeicherten göttlichen Licht verwandelt. Wenn Sie nach einigen Monaten oder, wenn Sie intensiveren negativen Energien ausgesetzt sind, schon nach einigen Wochen oder gar nur Tagen feststellen, daß die Energie des Steins erschöpft ist, können Sie das Ritual und die Aufladung des Steins wiederholen. Sollte dann zu einem späteren Zeitpunkt der Stein seinen Glanz verlieren und z.B. trüb oder farblich stumpf werden, geben Sie ihn mit einem Dankritual der Erde zurück. Mit einem neuen Stein können Sie das Ritual dann wiederholen.

Abwehrritual mit Hilfe des Erzengels Jophiel

Dieses Ritual können Sie jeden Tag zur Saturnzeit zelebrieren.

Sie benötigen:
Eine gelbe Altardecke, zwei weiße Altarkerzen, eine gelbe Engelskerze, ein Fläschchen Erzengelöl, ein Erzengel-Räucherstäbchen, eine Schale mit Salzwasser, Zündhölzer, ein Sitzkissen, einen Zahnstocher, zum Ritzen der Kerze und etwas Kräutermischung »Abwehr«.

Ritualvorbereitung:
Legen Sie die Altardecke über Ihren Ritualtisch, und plazieren Sie auf diesen links und rechts oben die beiden Altarkerzen. Ritzen Sie nun folgendes mit dem Zahnstocher in die Engelkerze:

(Ihren Namen und Ihr Geburtsdatum)

sowie:

»Flüche, Haß und Neid wandeln sich in Licht und Liebe.
So geschehe es, im Namen Jophiels.«

Reiben Sie die Kerze anschließend mit dem Erzengelöl ein, und stellen Sie diese in die Mitte Ihres Altars. Die Schale mit dem Salzwasser stellen Sie rechts, das Räucherstäbchen links neben die Engelkerze. Verteilen Sie nun die Abwehrkräuter rings um die Engelkerze, und beträufeln Sie diese ebenfalls mit etwas Erzengelöl.

Legen Sie noch alle anderen Utensilien in Griffnähe parat, bevor Sie sich selbst vorbereiten.

Eigene Vorbereitung:

Lassen Sie angenehm warmes Wasser in die Badewanne laufen, und geben Sie sieben Tropfen Erzengelöl hinzu. Legen Sie sich anschließend hinein, und schließen Sie Ihre Augen. Nichts kann Sie mehr stören, und nichts ist mehr wichtig. Sie lassen sich einfach fallen in das angenehme Gefühl der Ruhe und Entspannung.

Vor Ihrem geistigen Auge taucht eine angenehm hell leuchtende Lichtgestalt auf. Sie breitet ihre Arme aus und sagt mit weicher Stimme:

»Ich bin Jophiel und komme zu Dir, um Dir Frieden zu schenken. Hab keine Angst, Du stehst unter meinem Schutz.«

Jophiel zeichnet ein göttliches Siegel auf Ihre Stirn, und danach verläßt er Sie lächelnd wieder, um in die göttliche Unendlichkeit zurückzukehren. Unendliche Liebe und der Duft von Jasmin bleiben zurück, und Sie fühlen sich überaus wohl. Ihr ganzes Sein ist nun eins mit der göttlichen Kraft Jophiels. Dankbar steigen Sie aus der Wanne und trocknen sich ab. Ziehen Sie sich anschließend etwas Bequemes an, und begeben Sie sich zu Ihrem Altar.

Ritual:

Besprenkeln Sie nun Ritualtisch und Utensilien zur Reinigung und Weihe mit etwas Salzwasser, und sagen Sie dabei:

»Ich, (sagen Sie Ihren Namen) reinige und weihe
diese heilige Stätte. So sei es jetzt sofort.«

Nach der Altarweihe visualisieren Sie einen goldfarbenen Schutzkreis um sich und Ihren Altartisch. Denken Sie daran, daß Sie diesen gedachten Kreis für die Dauer des Rituals nicht übertreten dürfen. Zünden Sie anschließend das Räucherstäbchen sowie die beiden Altarkerzen an, und sagen Sie mit seitlich ausgebreiteten Armen:

»Ihr Wächter des Ostens, Südens, Westens und Nordens,
ich rufe Euch herbei und erbitte Euren Schutz
im Namen Jophiels.«

Entzünden Sie nun die Engelkerze, und sprechen Sie erneut mit seitlich ausgebreiteten Armen:

»Jophiel, Du Engel der Gerechtigkeit und der Offenbarung,
Dich rufe ich, (sagen Sie Ihren Namen),
und erbitte Deine Hilfe.
Ein Fluch hat mich getroffen, nimm ihn hinweg
von mir, und wandle ihn in Liebe. Laß meine Feinde
ihre Wege gehen und nicht nach mir schauen.
So sei es, in Deinem mächtigen göttlichen Namen.«

Setzen Sie sich anschließend ganz entspannt auf das Kissen vor Ihren Altar, und sehen Sie in die Flamme der Engelskerze. Visualisieren Sie, wie Sie in angenehm leuchtendes, gelbes Licht eingehüllt sind. Sie sind eins mit der göttlichen Kraft.
Lassen Sie das Ritual und die Atmosphäre noch einige Zeit auf sich wirken. Fühlen Sie die Anwesenheit des Engels und der göttlichen Kraft, die alles Negative

gewandelt hat. Nach einiger Zeit stehen Sie dann auf und bedanken sich bei Jophiel sowie bei den Wächtern der Elemente. Verabschieden Sie sich voller Liebe und Dankbarkeit und mit der Gewißheit, daß alles so ist, wie Sie es sich gewünscht haben. Ihre Zeremonie ist somit beendet, und Sie können nun den gedachten Schutzkreis verlassen.

Alle Kerzen sowie das Räucherstäbchen lassen Sie noch ganz abbrennen und vergraben dann alle Ritualreste an einem Samstag zur Saturnzeit.

Abwehrritual mit Hilfe Ihres Schutzengels

Dieses Ritual können Sie an einem Donnerstag zur Saturnzeit zelebrieren.

Sie benötigen:
Eine schwarze Altardecke, zwei silberfarbene Altarkerzen, eine schwarze Engelskerze, eine feuerfeste Schale oder einen Räucherkessel, gefüllt mit etwas Sand oder Salz, ein Stück Räucherkohle, ein Fläschchen Abwehröl, eine kleine Schale mit Salzwasser, einen Teelöffel, einen Zahnstocher zum Ritzen der Kerze, Zündhölzer, ein Sitzkissen und etwas Räuchermischung »Abwehr«.

Ritualvorbereitung:
Legen Sie die Altardecke über Ihren Ritualtisch, und plazieren Sie auf diesem links und rechts oben die beiden Altarkerzen. Ritzen Sie nun mit dem Zahnstocher folgendes in die Engelskerze:

(Ihren Namen und Ihr Geburtsdatum)

sowie:

»Pein und Leid, Fluch und Qual seien vernichtet
für alle Zeit. So sei es nun geschwind.«

Reiben Sie die Kerze anschließend kräftig mit dem Abwehröl ein, und stellen Sie sie dann in die Mitte Ihres Altars. Links neben die Engelkerze plazieren Sie die Räucherschale, und rechts neben die Kerze stellen Sie die Schale mit dem Salzwasser. Das Päckchen mit der

Räuchermischung und den Teelöffel legen Sie vor die Räucherschale. Die Räucherkohle legen Sie auf den Sand in der Räucherschale. Halten Sie auch alle anderen Utensilien in Griffnähe parat.

Eigene Vorbereitung:
Lassen Sie angenehm warmes Wasser in ihre Badewanne laufen, und geben Sie neun Tropfen Abwehröl hinzu. Legen Sie sich anschließend in die Wanne und schließen Sie Ihre Augen. Nichts kann Sie mehr stören, und nichts ist mehr wichtig. Sie lassen sich einfach fallen in das angenehme Gefühl der Ruhe und Entspannung. Mit jedem Atemzug lassen Sie sich mehr und mehr fallen in das schöne Gefühl der Ruhe. Vollkommen entspannt und locker sinken Sie immer tiefer und tiefer in ein Gefühl der Liebe und Harmonie. Sie atmen ganz normal ein und aus, genau so, wie es Ihr Atemreflex vorgibt.
Vor Ihrem geistigen Auge sehen Sie dann eine alte Holztüre. Es ist eine schöne Tür, die mit Schnitzereien verziert ist und deren Alter man nur an der Färbung des Holzes erkennt. Sie öffnen sie langsam und gehen hindurch. Sie befinden sich nun in einem Zimmer, in dessen Mitte ein eindrucksvoller Altar mit brennenden Kerzen steht. Rosen in den herrlichsten Farben schmücken den Raum, und der süße Duft dieser prächtigen Blumen verzaubert Ihre Sinne. Vor dem Altar steht ein Engel, der vollkommen in silberfarbenes Licht getaucht ist. Lächelnd winkt er Ihnen zu, und Sie gehen voller Liebe und Vertrauen zu ihm. Der Engel legt seine Hand auf Ihr Haupt und sagt mit klarer Stimme:

»Du hast Feinde, die Dir mit Hilfe dunkler Mächte schaden wollen, aber Du stehst unter meinem göttlichen Schutz. Das Böse wird verwandelt sein, bevor es Dich erreicht. Hab keine Angst, ich begleite Dich auf Deinem Weg.«

Der Engel zeichnet göttliche Psalmen auf Ihre Stirn und spricht zu Ihnen erneut:

»Du bist ein göttliches Geschöpf, dem niemand schaden kann. Gehe zurück in Deine Welt, und sei gewiß, daß Du das Böse besiegt hast mit Deiner eigenen Liebe.«

Bedanken Sie sich nun bei dem Engel, und gehen Sie denselben Weg zurück, den Sie gekommen sind. Wenn Sie die Holztür hinter sich geschlossen haben, atmen Sie zweimal tief ein und wieder aus. Jetzt fühlen Sie auch wieder das angenehm warme Wasser, in dem Sie liegen. Öffnen Sie langsam Ihre Augen, und steigen Sie anschließend aus der Wanne. Trocknen Sie sich ab, und gehen Sie dann entweder nackt oder in angenehm lockerer Kleidung zu Ihrem Altar, um das Ritual zu beginnen.

Ritual:
Besprenkeln Sie den gesamten Altar mit etwas Salzwasser, und sagen Sie dabei:

»Gereinigt und geweiht sei diese heilige Stätte im Namen meines Schutzengels.«

Visualisieren Sie nun einen goldfarbenen Schutzkreis um sich und Ihren Altartisch. Entzünden Sie die Räucherkohle und die beiden Altarkerzen. Wenn die Kohle richtig glüht, geben Sie einen gestrichenen

Teelöffel Räuchermischung darauf und sagen mit seitlich ausgebreiteten Armen:

»Ihr Wächter der Lüfte, Euch rufe ich herbei zu dieser Stund
und erbitte Euren Schutz.
Ihr Wächter der Erde, Euch rufe ich herbei zu dieser Stund
und erbitte Euren Schutz.
Ihr Wächter des Feuers, Euch rufe ich herbei zu dieser Stund
und erbitte Euren Schutz.
Ihr Wächter des Wassers, Euch rufe ich herbei zu dieser
Stund und erbitte Euren Schutz.
Ihr Wächter der Erde, Euch rufe ich herbei zu dieser Stund
und erbitte Euren Schutz.
So sei es, mit aller Macht meines Schutzengels.«

Geben Sie anschließend erneut einen gestrichenen Teelöffel der Räuchermischung auf die Kohle und zünden Sie dann die Engelkerze an. Rufen Sie nun wieder mit seitlich ausgebreiteten Armen:

»In größter Not rufe ich Dich, mein Schutzengel.
Eile herbei, und erhöre mein Flehen.
Böse Mächte wollen mir schaden und mich vernichten,
lege Du Deinen schützenden Mantel um mich,
so daß das Böse verwandelt sei. Mit all Deiner Macht
geschehe es nun geschwind.«

Geben Sie nun wieder etwas von der Räuchermischung auf die Kohle, und sagen Sie erneut mit seitlich ausgebreiteten Armen:

»Möge die göttliche Liebe das Böse verwandeln.«

Setzen Sie sich anschließend eine Weile bequem auf Ihr Kissen vor den Altar, und visualisieren Sie Ihren Wunsch. Sehen Sie sich in goldenes Licht getaucht, und fühlen Sie die Liebe Ihres Schutzengels. Wenn Sie vollkommen eins sind mit der göttlichen Kraft der Liebe, stehen Sie auf und rufen mit seitlich ausgebreiteten Armen:

»So sei es mit aller Macht, ab dieser Stund.«

Lassen Sie das Ritual und die Atmosphäre noch einige Zeit auf sich wirken. Fühlen Sie die Anwesenheit des Engels und der göttlichen Kraft, die alles Negative gewandelt hat.

Bedanken und verabschieden Sie sich nach einer Weile von den Wächtern sowie von Ihrem Schutzengel mit Ihren eigenen Worten, und lassen Sie abschließend alle Kerzen und Räucherungen ganz abbrennen. Alle Ritualreste werfen Sie am darauffolgenden Samstag zur Saturnzeit in fließendes Gewässer. Sehen Sie den davontreibenden Überresten nicht nach, sondern drehen Sie sich sofort um, und gehen Sie Ihres Weges, ohne sich umzublicken.

Sechstes Kapitel

Engelszauber, um wahre Freunde zu finden

Viele verwechseln gute Bekannte mit Freunden. Ist aber wirklich jeder, mit dem man ab und zu gesellig beisammensitzt, ein Freund? Was ist wahre Freundschaft, und gibt es die überhaupt?
»Meine beste Freundin ist mit meinem Mann ins Bett gegangen«, oder »meine Freundin hat mich hinter meinem Rücken schlechtgemacht.« So etwas oder ähnliches höre ich oft von meinen Klienten, und manches in der gleichen Richtung habe ich auch schon am eigenen Leib erfahren.
Für mich ist eine gute Freundschaft ein göttliches Geschenk und sollte ganz behutsam gehegt und gepflegt werden. Meine Engel meinten es besonders gut mit mir, denn sie führten mich zu zwei Menschen, die mittlerweile einen ganz besonderen Platz in meinem Herzen haben. Die beiden standen bedingungslos hinter mir, als es mir schlecht ging. Solch eine Freundschaft erlebt nicht jeder – ich aber habe dieses Glück.
Ein guter Freund oder eine gute Freundin mag Sie mit all Ihren Fehlern und Schwächen und steht Ihnen jederzeit hilfreich zur Seite. Natürlich darf dieses Helfen nicht einseitig sein. Das Motto sollte vielmehr heißen: »Gemeinsam schaffen wir alles.« Lachen, weinen, träumen und Unsinn machen, das kann man auf eine offene und herzliche Art nur mit einem wirklich guten Freund. Auf den folgenden Seiten finden Sie einige Engelsrituale, die Sie für das Erkennen oder Knüpfen einer wahren Freundschaft anwenden können.

Wahre Freunde mit Hilfe Ihres Schutzengels finden

Dieses Ritual können Sie montags zur Mondzeit zelebrieren.

Sie benötigen:
Eine weiße Altardecke, zwei weiße Altarkerzen, eine weiße Knotenkerze, ein Fläschchen Schutzengelöl, etwas Rosenöl, ein Sandelholz-Räucherstäbchen, eine Schale mit heiligem Wasser, ein Sitzkissen und einen Zahnstocher zum Ritzen der Kerze.

Ritualvorbereitung:
Legen Sie die weiße Altardecke über Ihren Ritualtisch, und plazieren Sie auf diesen links und rechts oben die beiden Altarkerzen. Ritzen Sie anschließend mit dem Zahnstocher folgendes in den ersten Knoten:

»Freunde des Herzens herbei.«

Ritzen Sie in den zweiten Knoten:

»In Not will ich helfen, und Freude will ich teilen.«

Ritzen Sie in den dritten Knoten:

»Gemeinsam Höhen und Tiefen überstehen.«

Ritzen Sie in den vierten Knoten:

(Ihren Namen und Ihr Geburtsdatum)

Ritzen Sie in den fünften Knoten:

»Mit der göttlichen Macht, Freunde herbei.«

Ritzen Sie in den sechsten Knoten:

»Himmlische Kräfte seien vereint.«

Ritzen Sie in den siebenten Knoten:

»Mit aller Macht meines Schutzengels
soll es nun so geschehen.«

Reiben Sie die Kerze anschließend zuerst mit Schutzengelöl ein und danach mit etwas Rosenöl. Plazieren Sie nun die Kerze in die Mitte Ihres Altars. Die Schale mit dem heiligen Wasser stellen Sie rechts und das Räucherstäbchen links neben die Knotenkerze. Legen Sie auch alle anderen Ritualgegenstände bereit.

Eigene Vorbereitung:
Lassen Sie warmes Wasser in Ihre Badewanne laufen, und geben Sie sieben Tropfen Schutzengelöl hinzu. Legen Sie sich anschließend hinein, und schließen Sie Ihre Augen. Atmen Sie vollkommen entspannt und ruhig. Meditieren Sie nun etwa 15 Minuten über Ihren Wunsch. Wenn Sie völlig eins sind mit ihm, steigen Sie aus der Wanne und trocknen sich ab. Ziehen Sie sich anschließend etwas Bequemes an, und begeben Sie sich zu Ihrem Altar.

Ritual:
Besprenkeln Sie den gesamten Altar sowie die Utensilien mit heiligem Wasser, und sagen Sie dabei:

»Gereinigt und gesegnet sei hiermit diese heilige Stätte der Liebe.«

Visualisieren Sie einen goldfarbenen Schutzkreis um sich und Ihren Altartisch, und zünden Sie danach die beiden Altarkerzen an. Sprechen Sie jetzt mit seitlich ausgebreiteten Armen:

»Ich, (sagen Sie Ihren Namen), rufe Euch, Ihr Schutzgeister der himmlischen Sphären.«

Entzünden Sie anschließend die Knotenkerze sowie das Räucherstäbchen, und rufen Sie erneut mit seitlich ausgebreiteten Armen:

»Hör, Du mein Schutzengel, wahre Freunde mögen meine Wege kreuzen. Meine Einsamkeit gehöre der Vergangenheit an. Statt dessen ziehen wahre Freundschaft und Glück in mein Leben. So soll es nun sein, mit all Deiner göttlichen Liebe.«

Setzen Sie sich anschließend auf das Kissen vor Ihren Altar, und schauen Sie in die Flamme der Knotenkerze. Visualisieren Sie einige Minuten Ihren Wunsch, und fühlen Sie die Liebe Ihres Schutzengels. Seien Sie gewiß, daß Ihr Wunsch schon erfüllt ist.

Bedanken und verabschieden Sie sich anschließend mit Ihren eigenen Worten von den Schutzgeistern und von Ihrem Schutzengel. Lassen Sie die Kerzen sowie die Räucherung ganz abbrennen, und vergraben Sie alles am darauffolgendem Sonntag unter einem Rosenbusch.

Finden Sie Ihre Dualseele mit Hilfe des Erzengels Zadkiel

Dieses Ritual können Sie jeden Tag zur Mondzeit zelebrieren.

Sie benötigen:
Eine violettfarbene Altardecke, zwei weiße Altarkerzen, eine Engelkerze, ein Fläschchen Erzengelöl, einen Zahnstocher zum Ritzen der Kerze, eine Schale mit heiligem Wasser, ein Sitzkissen zum Meditieren, ein Erzengel-Räucherstäbchen und etwas Kräutermischung »Zadkiel«.

Ritualvorbereitung:
Zuerst legen Sie die Altardecke auf Ihren Ritualtisch, und plazieren Sie dann die beiden Altarkerzen links und rechts oben. Ritzen Sie nun folgendes mit dem Zahnstocher in die Engelkerze:

(Ihren Namen und Ihr Geburtsdatum)

sowie:

»Liebevoll und in Freundschaft geht meine Dualseele mit mir durchs Leben. So geschehe es mit der Liebe Zadkiels.«

Reiben Sie die Kerze anschließend mit dem Erzengelöl ein, und stellen Sie sie in die Mitte Ihres Altars. Die Schale mit dem heiligem Wasser stellen Sie rechts und das Räucherstäbchen links neben die Engelkerze. Verteilen Sie jetzt auch die Kräutermischung rings um die Engelkerze. Alle anderen Gegenstände legen Sie in

Griffnähe parat, und nach einer abschließenden Begutachtung Ihres Altars, können Sie mit Ihrer eigenen Vorbereitung beginnen.

Eigene Vorbereitung:
Lassen Sie warmes, nicht zu heißes Wasser in die Badewanne laufen, und geben Sie sieben Tropfen Erzengelöl hinzu. Legen Sie sich anschließend in die Wanne, und schließen Sie Ihre Augen. Ihr Atem geht ruhig und gleichmäßig. Sie atmen ganz normal. Vollkommene Ruhe und Harmonie umgeben Sie nun mehr und mehr, und Sie lassen sich einfach fallen. Nichts kann Sie jetzt mehr stören, und nichts ist mehr wichtig. Jeder Muskel Ihres Körpers ist angenehm leicht, und Sie sind eins mit dem Wasser, in dem Sie liegen.
Vor Ihrem geistigen Auge taucht ein wunderschöner Garten auf. Er ist genau so, wie Sie sich immer einen von Ihnen gestalteten Garten vorgestellt haben. Blumen blühen in den herrlichsten Farben und verzaubern Sie mit ihrem exotischem Duft. Inmitten dieses Blumenmeeres sitzt ein angenehm leuchtender Engel. Sein Gewand strahlt in hellem Violett. Lächelnd winkt er Ihnen zu und bittet Sie, zu ihm zu kommen. Langsam gehen Sie auf ihn zu und setzen sich an seine Seite. Er nimmt Ihre Hand und sagt mit warmer Stimme:

»Ich bin der Erzengel Zadkiel und bin gekommen,
um Dir zu helfen. Ich spüre Deine Einsamkeit und Deine
Trauer im Herzen. Ihr Menschen habt vergessen,
daß Ihr Euch gegenseitig auch braucht, um zu wachsen
und zu reifen. Ihr habt fast verlernt, Vertrauen zu haben

und Eure Liebe an andere Mitmenschen weiterzugeben.
Vertraue mir, und ich führe Dich zu Deiner Dualseele.
Sie ist wie ein zweites Ich, das Du brauchst,
um wahre Freundschaft zu erfahren.«

Zadkiel steht auf, hält seine Hand auf Ihr Haupt und spricht dann weiter:

»Gehe nun zurück in Deine Welt, und vertraue Dir selbst
und meiner Liebe.«

Lassen Sie das Gefühl dieser Liebe noch eine Weile auf sich wirken. Steigen Sie dann aus der Wanne. Trocknen Sie sich nun ab, und ziehen Sie sich etwas Bequemes an. Wenn Sie nun bereit sind, gehen Sie zu Ihrem Altar.

Ritual:
Besprenkeln Sie nun den gesamten Altar und die Utensilien mit etwas heiligem Wasser, und sprechen Sie dabei:

»Gereinigt und geweiht sei hiermit diese rituelle Stätte
der Liebe.«

Visualisieren Sie nach der Altarweihe einen goldfarbenen Schutzkreis um sich und Ihren Altartisch. Danach zünden Sie die beiden Altarkerzen an und sagen mit seitlich ausgebreiteten Armen:

»Hört, Ihr Engel der Liebe, gewährt mir Euren Schutz und
bereichert dieses Ritual mit Eurer Liebe.
So möge es geschehen.«

Entzünden Sie nun das Räucherstäbchen sowie die Engelkerze und sprechen Sie erneut mit seitlich ausgebreiteten Armen:

»Zadkiel, Du mächtiger Erzengel der Liebe und
Freundschaft, bitte eile zu mir, und erhöre mein Flehen.
Führe mich voller Liebe zu meiner Dualseele.
Damit unsere Herzen in Freundschaft vereint seien.«

Setzen Sie sich nun vollkommen entspannt auf das Kissen vor Ihren Altar, und schauen Sie einige Minuten in die Flamme der Engelskerze. Wenn Sie das Gefühl haben, daß Sie eins sind mit der Flamme und der Liebe Zadkiels, schließen Sie Ihre Augen und stellen sich Ihren Wunsch bildlich vor. Wenn Sie Ihre Dualseele »sehen« und Sie die Verbundenheit körperlich und seelisch fühlen, dann öffnen Sie Ihre Augen und sagen voller Liebe:

»So geschehe es ab sofort, mit aller Macht
des Erzengels Zadkiels.«

Lassen Sie das Ritual noch kurze Zeit auf sich wirken. Bedanken und verabschieden Sie sich bei den Engeln der Liebe sowie beim Erzengel Zadkiel mit Ihren eigenen Worten, und lassen Sie danach noch alle Kerzen sowie das Räucherstäbchen ganz abbrennen. Vergraben Sie alle Ritualreste am darauffolgendem Sonntag unter einem Baum Ihrer Wahl. Seien Sie gewiß, daß Sie Ihrer Dualseele schon bald begegnen werden.

Schutzengelritual, um gute Freunde in der Schule oder im Beruf zu finden

Dieses Ritual können Sie mittwochs zur Sonnenzeit zelebrieren.

Sie benötigen
Eine violettfarbene Altardecke, zwei weiße Altarkerzen, eine violettfarbene Schutzengelkerze, eine kleine Schale mit heiligem Wasser, ein Fläschchen Astralöl, ein Astralsandelholz-Räucherstäbchen, einen Zahnstocher zum Ritzen der Kerze, Zündhölzer, ein Foto von Ihnen und einen wasserfesten Filzschreiber.

Ritualvorbereitung:
Legen Sie die Altardecke über Ihren Ritualtisch, und plazieren Sie auf diesen links und rechts oben die beiden Altarkerzen. Ritzen Sie nun mit dem Zahnstocher folgendes in die Schutzengelkerze:

(Ihren Namen und Ihr Geburtsdatum)

sowie:

»(In der Schule/Im Beruf) habe ich wahre Freunde, mit denen ich gerne zusammenarbeite.«

Reiben Sie die Schutzengelkerze anschließend gut mit dem Astralöl ein, und stellen Sie die Kerze dann in die Mitte Ihres Altars. Rechts neben die Schutzengelkerze plazieren Sie die Schale mit dem heiligen Wasser und links das Räucherstäbchen.

Nehmen Sie nun Ihr Bild zur Hand, und schreiben Sie mit dem Filzschreiber folgendes auf die Rückseite:

(Ihren Namen und Ihr Geburtsdatum)

Anschließend legen Sie Ihr Bild auf den Altar vor die Schutzengelkerze. Das andere Zubehör legen Sie auch in Griffnähe bereit. Ist alles zu Ihrer Zufriedenheit hergerichtet, können Sie sich selbst vorbereiten.

Eigene Vorbereitung:
Lassen Sie warmes, nicht zu heißes Wasser in Ihre Badewanne laufen, und geben Sie neun Tropfen Astralöl hinzu. Legen Sie sich anschließend hinein, und schließen Sie Ihre Augen. Atmen Sie ganz entspannt ein und wieder aus, also ganz normal, wie es Ihr Atemreflex vorgibt. Lassen Sie sich ganz fallen in das angenehme Gefühl der Ruhe und Entspannung. Nichts kann Sie mehr stören, und nichts ist mehr wichtig.
Vor Ihrem Auge taucht nun ein herrlicher Sandstrand auf. Die Sonne scheint angenehm warm, und Meeresrauschen dringt an Ihr Ohr. Das Wasser schimmert in hellem Blau, und lustige kleine Wellen tanzen ihren Tanz des Lebens und der nie schwindenden Energie. Langsam gehen Sie den Sandstrand entlang und atmen den Duft von Salz und Sonne ein. Sie setzen sich in den Sand und sehen den Wellen eine Weile zu. Ein wunderschöner Engel steigt aus dem Wasser und setzt sich neben Sie in den Sand. Lächelnd nimmt er Ihre Hand und sagt:

»Ich bin Dein Schutzengel, und bin gekommen,
um Dich zu leiten auf den Weg der Freundschaft und Liebe.
Freude soll Dich begleiten in (Deinem Beruf/Deiner Schule)
und Freunde sollen Dir zur Seite stehen,
wenn Du Sorgen und Probleme hast.«

Bedanken Sie sich, und verabschieden Sie sich nun bei Ihrem Schutzengel, und gehen Sie denselben Weg am Strand entlang zurück, den Sie gekommen sind. Steigen Sie anschließend aus der Wanne, trocknen Sie sich ab, und begeben Sie sich zu Ihrem Altar.

Ritual:
Besprenkeln Sie zur Reinigung den gesamten Altar mit heiligem Wasser, und sagen Sie dabei:

»Gereinigt und gesegnet sei diese heilige Stätte.«

Nach der Altarweihe visualisieren Sie einen goldfarbenen Schutzkreis um sich und Ihren Altartisch. Diesen Kreis dürfen Sie bis zum Ende des Rituals nicht verlassen. Entzünden Sie nun die beiden Altarkerzen, und sagen Sie in Anrufungshaltung:

»Ihr himmlischen Wächter herbei, zum Schutze
dieses Rituals.«

Zünden Sie das Räucherstäbchen und die Engelskerze an, und sprechen Sie erneut in Anrufungshaltung:

»Ich rufe Dich, Du mein Schutzengel, der all meine Ängste
kennt. Eile herbei geschwind, und höre mein Flehen.

Ich fühle mich einsam in (meinem Beruf/meiner Schule), und ich sehne mich nach Freunden und neuen Bekannten.«

Halten Sie nun Ihr Bild mit der linken Hand über den aufsteigenden Rauch des Räucherstäbchens, und sagen Sie dabei:

»Ich bin glücklich und zufrieden in (meinem Beruf/meiner Schule). Begleite Du mich, mein Schutzengel, durchs Leben, und hilf mir, daß ich die wahren Freunde von den falschen unterscheiden kann.«

Legen Sie Ihr Bild nun zurück auf den Altar, und sagen Sie erneut in Anrufungshaltung:

»Im Namen meines Schutzengels geschehe es geschwind, wie ich es wünsche.«

Lassen Sie die Atmosphäre des Rituals und die Anwesenheit Ihres Schutzengels noch auf sich wirken. Alle Kerzen sowie das Räucherstäbchen lassen Sie ganz abbrennen. Vergraben Sie am darauffolgenden Sonntag alle Ritualreste unter einem Baum Ihrer Wahl. Das Bild tragen Sie jedoch stets bei sich, bis sich Ihr Wunsch erfüllt hat, und erst dann vergraben Sie es unter einem blühenden Baum bzw. unter einem Baum, der blühen wird.

Siebtes Kapitel

Meditationen und Engelsgebete

Schutzengel-Meditation

Legen Sie sich ganz entspannt auf eine bequeme Unterlage, und schließen Sie Ihre Augen. Atmen Sie ganz ruhig ein und wieder aus. Atmen Sie ganz normal – so, wie es Ihr Atemreflex vorgibt. Lassen Sie sich einfach fallen in das schöne Gefühl der Ruhe und Entspannung. Nichts kann Sie mehr stören, nichts ist mehr wichtig. Mit jedem Atemzug lassen Sie sich tiefer und tiefer in das Gefühl der Ruhe sinken. Immer tiefer und tiefer.

Vor Ihrem geistigen Auge taucht eine schöne Treppe auf, und Sie steigen vertrauensvoll die Stufen hinab. Immer weiter und weiter gehen Sie die Stufen hinunter, bis Sie vor einer großen Tür stehen. Sie öffnen diese Tür und treten hindurch. Warmes, helles Licht umgibt Sie. Links von Ihnen befindet sich eine wunderschöne Blumenwiese. Nie zuvor haben Sie solch ein schönes Blütenmeer gesehen.

Rechts von Ihnen führt ein kleiner Weg direkt in einen Wald. Langsam folgen Sie diesem Pfad, der Sie direkt an einem Bach entlangführt. Vor Ihnen taucht ein wunderschöner Engel mit langem braunen Haar auf. Er ist voller Liebe und Reinheit. Er nimmt Ihre Hand, und Sie spüren ganz deutlich, wie jeder Schmerz und jede Traurigkeit aus Ihrem Herzen verschwindet. Gemeinsam gehen Sie am Bach entlang, und mit jedem Schritt kehrt mehr Liebe, Gesundheit und Kraft in Ihren Körper ein. Der Engel sieht Sie an und spricht:

»Ich bin Dein Schutzengel, und ich begleite Dich,
wohin auch immer Du gehst. Niemals bist Du allein,

meine Liebe ist allgegenwärtig und Du stehst unter meinem göttlichen Schutz. Du kannst mir alle Deine Sorgen und Wünsche sagen, ich höre Dich und helfe Dir immer.«

Sie können Ihrem Schutzengel jetzt alles sagen, was Sie möchten. Erzählen Sie ihm Ihre Ängste und Sorgen und auch Ihre Wünsche und Hoffnungen. Sagen Sie ihm, warum Sie so fühlen und denken. Möglicherweise zeigt er Ihnen auch einen Lösungsweg auf. Wenn Sie alles besprochen haben, verabschieden Sie sich voller Liebe von Ihrem Schutzengel und gehen denselben Weg wieder zurück und dann durch die Tür. Mit jeder Stufe, die Sie jetzt nach oben steigen, fühlen Sie mehr und mehr die Liebe und die Kraft, Ihren Tag positiv zu gestalten.
Bleiben Sie noch einen Moment ruhig liegen, und entspannen Sie sich, bevor Sie Ihren Tag beginnen.

Engels-Meditation

Legen Sie sich ganz entspannt auf eine für Sie bequeme Unterlage, und schließen Sie Ihre Augen. Atmen Sie einige Male (zwei- bis dreimal) tief ein und wieder aus. Jeder Muskel Ihres Körpers ist ganz entspannt und locker. Ihr Atem geht nun ganz ruhig und gleichmäßig. Sie atmen nun ganz normal weiter und lassen sich einfach fallen in das angenehme Gefühl der Ruhe.
Vor Ihrem geistigen Auge taucht ein wunderschöner weißer Sandstrand auf. Das Wasser schimmert in hellem Blau. Kleine weiße, schäumende Wellen tanzen vergnügt auf dem Meer. Hier herrscht vollkommene Harmonie, und Sie fühlen sich rundherum glücklich. Ein Engel, der angenehm silberfarben leuchtet, kommt lächelnd auf Sie zu und reicht Ihnen die Hand. Gemeinsam gehen Sie nun langsam den Strand entlang. Mit weicher Stimme sagt der Engel:

»Ich bin gekommen um Dir zu helfen, deshalb kannst Du mir all Deine Sorgen erzählen.«

Sie können jetzt mit dem Engel alle Probleme besprechen, und wenn er etwas zu ihnen sagt, dann sollten Sie gut zuhören. Liebevoll legt er seine Hände auf Ihr Haupt und spricht:

»Du bist befreit von Leid und Schmerz,
mit göttlicher Macht soll es so geschehen.«

Sie fühlen die Liebe in sich und wissen genau, daß sich alles Negative gelöst hat. Bedanken Sie sich, verabschie-

den Sie sich von dem Engel und gehen Sie denselben Weg wieder zurück.
Bleiben Sie noch einige Minuten ganz entspannt liegen, bevor Sie Ihren Tag beginnen.

Lichtreinigung der Aura

Legen Sie sich ganz entspannt auf eine für Sie bequeme Unterlage, und schließen Sie Ihre Augen. Atmen Sie dreimal kräftig ein und wieder aus. Danach ist Ihr Atem wieder ganz ruhig und gleichmäßig, genau so, wie es Ihr Atemreflex vorgibt. Nichts kann Sie mehr stören. Sie lassen sich einfach fallen durch Raum und Zeit.
Haben Sie Vertrauen in sich selbst und Ihr göttliches Inneres. Sie lassen sich immer tiefer fallen, bis Sie an den Ort kommen, der Sie in warmes Licht hüllt. Wie dieser Ort aussieht, ergibt sich von selbst. An diesem Ort herrscht Frieden und vollkommene Liebe. Sehen Sie sich etwas um, betrachten Sie die Einzigartigkeit dieses Ortes. Sie sehen jetzt ein Lichtwesen, das auf Sie zu kommt und das Sie mitnimmt. Gemeinsam gehen Sie durch einen Tunnel der voller Reinheit und angenehm hellem Licht ist. Das Lichtwesen wendet sich Ihnen zu und spricht:

»Hier ist nur Liebe, und Du bist ein Teil davon.«

Das Lichtwesen hält seine Hände über Ihren Kopf und angenehm warmes Licht durchströmt Ihren Körper. Jede Zelle Ihres Körpers erhält die Reinigung des Lichtwesens. Sie fühlen sich eins mit diesem Licht und sind voller Liebe und Harmonie. Jedes Organ Ihres Körpers ist frei von Krankheit und Leid. Ihr Kopf ist frei von Haß und Neid, zurück bleiben Verständnis und Liebe. Das Lichtwesen nimmt Ihre Hand und sagt:

»Du bist nun vollkommen gereinigt und frei von allem Negativen. Gehe nun zurück, und lebe friedvoll mit allen Menschen.«

Verabschieden Sie sich nun voller Liebe von dem Lichtwesen, und lassen Sie sich fallen durch Raum und Zeit, bis Sie wieder auf Ihrer bequemen Unterlage liegen. Vollkommen entspannt öffnen Sie die Augen, und mit der empfangenen Liebe beginnen Sie den Tag.

Schutzengel-Gebete

Gebet, um Liebe zu erhalten

»Hör mein Schutzengel,
Du, der du mein Tiefstes kennst,
lasse Liebe in mein Herz einkehren,
und schick mir meinen Seelenpartner.
Behüte uns dann mit dem Mantel Deiner Liebe.
So soll es in Liebe geschehen.«

Gebet, um Mut in schwierigen Situationen zu haben

»Morgens, wenn ich aufstehe,
gib mir Kraft, mein Schutzengel,
und begleite mich auf meinem Weg.
Manchmal ist die Prüfung des Lebens sehr schwer,
darum bitte ich Dich,
meine Zweifel in Sicherheit zu wandeln.
So soll es in Deinem Namen geschehen.«

Gebet, um den schmerzlichen Verlust eines geliebten Menschen zu überwinden

»Du, mein Schutzengel weißt,
wie groß mein Leid ist. Bitte hilf mir,
daß ich nicht am Leben verzweifle.
Ich gebe mein Leben in Deine schützende Hand
und bitte Dich um Deinen göttlichen Beistand.
So sei es, mit aller Macht Deiner Liebe.«

Gebet, um göttlichen Schutz zu erhalten

»Metatron, ich erbitte Deinen göttlichen Schutz.
Halte Du Deine schützende Hand über mich,
und wandle alles Böse in Liebe.
Hülle mich ein in Dein göttliches Licht,
so daß mich weder Haß noch Neid erreichen können.
So soll es nun geschehen, mit aller Macht Deiner Güte.«

Gebet, um Krankheit zu überwinden

»Ich bin den Pfad des Leids gegangen
mit dem Schmerz meiner irdischen Hülle.
Manche Tage zweifelte ich an mir
und auch an Dir, mein Schutzengel,
weil das Leid mächtig war.
Aber ich spüre Deine Liebe und weiß,
daß Du mich nie verläßt.
Bitte hüll mich ein in Dein göttliches Licht der Heilung,
nimm hinweg von mir die Krankheit und das Leid,
indem ich die Weisheit erhalte, meine Fehler zu erkennen.
Gib mir die Kraft, meine Fehler anzunehmen,
damit ich mich wandle.
So sei es, mit all Deiner Liebe.«

Gebet, um ein Kind zu bekommen

»Michael, Du Erzengel der Liebe,
höre die Worte, die mein Herz ruft,
und schenke mir ein kleines Menschenkind.
Behutsam soll es in meinem Leib heranwachsen,
und voller Liebe will ich es dann gebären.
So soll es nun mit der Macht Deiner Liebe geschehen.«

Ritualzeiten

Sonntags regiert:

Sonne:	01.00 Uhr, 08.00 Uhr, 15.00 Uhr, 22.00 Uhr
Venus:	02.00 Uhr, 09.00 Uhr, 16.00 Uhr, 23.00 Uhr
Merkur:	03.00 Uhr, 10.00 Uhr, 17.00 Uhr
Mond:	04.00 Uhr, 11.00 Uhr, 18.00 Uhr
Saturn:	05.00 Uhr, 12.00 Uhr, 19.00 Uhr
Jupiter:	06.00 Uhr, 13.00 Uhr, 20.00 Uhr
Mars:	00.00 Uhr, 07.00 Uhr, 14.00 Uhr, 21.00 Uhr

Montags regiert:

Sonne:	05.00 Uhr, 12.00 Uhr, 19.00 Uhr
Venus:	06.00 Uhr, 13.00 Uhr, 20.00 Uhr
Merkur:	00.00 Uhr, 07.00 Uhr, 14.00 Uhr, 21.00 Uhr
Mond:	01.00 Uhr, 08.00 Uhr, 15.00 Uhr, 22.00 Uhr
Saturn:	02.00 Uhr, 09.00 Uhr, 16.00 Uhr, 23.00 Uhr
Jupiter:	03.00 Uhr, 10.00 Uhr, 17.00 Uhr
Mars:	04.00 Uhr, 11.00 Uhr, 18.00 Uhr

Dienstags regiert:

Sonne:	02.00 Uhr, 09.00 Uhr, 16.00 Uhr, 23.00 Uhr
Venus	03.00 Uhr, 10.00 Uhr, 17.00 Uhr
Merkur:	04.00 Uhr, 11.00 Uhr, 18.00 Uhr
Mond:	05.00 Uhr, 12.00 Uhr, 19.00 Uhr
Saturn:	06.00 Uhr, 13.00 Uhr, 20.00 Uhr
Jupiter:	00.00 Uhr, 07.00 Uhr, 14.00 Uhr, 21.00 Uhr
Mars:	01.00 Uhr, 08.00 Uhr, 15.00 Uhr, 22.00 Uhr

Mittwochs regiert:

Sonne:	06.00 Uhr, 13.00 Uhr, 20.00 Uhr
Venus:	00.00 Uhr, 07.00 Uhr, 14.00 Uhr, 21.00 Uhr
Merkur:	01.00 Uhr, 08.00 Uhr, 15.00 Uhr, 22.00 Uhr
Mond:	02.00 Uhr, 09.00 Uhr, 16.00 Uhr, 23.00 Uhr
Saturn:	03.00 Uhr, 10.00 Uhr, 17.00 Uhr
Jupiter:	04.00 Uhr, 11.00 Uhr, 18.00 Uhr
Mars:	05.00 Uhr, 12.00 Uhr, 19.00 Uhr.

Donnerstags regiert:

Sonne:	03.00 Uhr, 10.00 Uhr, 17.00 Uhr
Venus:	04.00 Uhr, 11.00 Uhr, 18.00 Uhr
Merkur:	05.00 Uhr, 12.00 Uhr, 19.00 Uhr
Mond:	06.00 Uhr, 13.00 Uhr, 20.00 Uhr
Saturn	00.00 Uhr, 07.00 Uhr, 14.00 Uhr, 21.00 Uhr
Jupiter:	01.00 Uhr, 08.00 Uhr, 15.00 Uhr, 22.00 Uhr
Mars:	02.00 Uhr, 09.00 Uhr, 16.00 Uhr, 23.00 Uhr

Freitags regiert:

Sonne:	00.00 Uhr, 07.00 Uhr, 14.00 Uhr, 21.00 Uhr
Venus:	01.00 Uhr, 08.00 Uhr, 15.00 Uhr, 22.00 Uhr
Merkur:	02.00 Uhr, 09.00 Uhr, 16.00 Uhr, 23.00 Uhr
Mond:	03.00 Uhr, 10.00 Uhr, 17.00 Uhr
Saturn:	04.00 Uhr, 11.00 Uhr, 18.00 Uhr
Jupiter:	05.00 Uhr, 12.00 Uhr, 19.00 Uhr
Mars:	06.00 Uhr, 13.00 Uhr, 20.00 Uhr

Samstags regiert:

Sonne:	04.00 Uhr, 11.00 Uhr, 18.00 Uhr
Venus:	05.00 Uhr, 12.00 Uhr, 19.00 Uhr
Merkur:	06.00 Uhr, 13.00 Uhr, 20.00 Uhr
Mond:	00.00 Uhr, 07.00 Uhr, 14.00 Uhr, 21.00 Uhr
Saturn:	01.00 Uhr, 08.00 Uhr, 15.00 Uhr, 22.00 Uhr
Jupiter:	02.00 Uhr, 09.00 Uhr, 16.00 Uhr, 23.00 Uhr
Mars:	03.00 Uhr, 10.00 Uhr, 17.00 Uhr

Diese Zeiten sind nach der mitteleuropäischen Zeit ausgerechnet und bestimmt worden. Beachten Sie bitte, daß sie sich während der Sommerzeit um eine Stunde verschieben. Beispielsweise wird freitags Venuszeit statt 15.00 Uhr dann 16.00 Uhr SZ (Sommerzeit).

Schlußwort

Ich hoffe, Ihnen mit diesem Buch einen kleinen Wegweiser zu Ihrem Schutzengel oder den Erzengeln gegeben zu haben.
Bitte beachten Sie, daß alle Gesundheitsrituale begleitend zu der Behandlung eines Arztes oder Psychotherapeuten zelebriert werden können, jedoch medizinische Hilfe nicht ersetzen.
Bitte denken Sie auch daran, daß Kerzen wegen der Brandgefahr nie unbeaufsichtigt brennen sollten.
Falls Sie Fragen an mich persönlich haben, stehe ich Ihnen gerne jederzeit zur Verfügung. Besuchen Sie auch meine Internet-Homepage:

http://www.hexe-theresia.de

Mögen Sie auf all Ihren Wegen das Licht der Liebe finden und stets Freude im Herzen tragen.

Ihre Theresia

Adresse der Autorin:

Theresia Baschek
Postfach 1133
21706 Drochtersen

Büro: Tel. 04775-891254
Fax: 04775-891253
Privat: Handy 0174-6725030
E-Mail: hexetheresia@t-online.de
Internet: http://www.hexe-theresia.de

Bitte beachten Sie auch die Buchanzeigen
auf den folgenden Seiten ...

Florence Scovel Shinn

Vertraue Deiner inneren Stimme

Kartoniert, 112 Seiten
ISBN 3-8138-0502-6

Kinder haben es einfach: Sie vertrauen ganz einfach darauf, daß sich ihre Wünsche erfüllen. Erwachsene hingegen grübeln und verbringen schlaflose Nächte, sie trauen ihrem Glauben nichts zu.

Wer sein Leben ändern will, sollte damit anfangen, positive Vorstellungen in seinem Bewußtsein zu erzeugen – er sollte endlich wieder lernen, seiner inneren Stimme zu